まちづくりと図書館

人々が集い、活動し創造する図書館へ

大串夏身
Natsumi Ogushi

青弓社

まちづくりと図書館——人々が集い、活動し創造する図書館へ　目次

第4章 図書館関係事業の評価 110

装丁――神田昇和

凡例

1、年号は、基本的には西暦としたが、中心市街地活性化事業に関しては和暦を併記している。
2、市町村名は、初出は都道府県名を付したが、二回目以降は原則として付していない。
3、注は、各章末に集めた。ただし、図書館のサービス・事業などの事例に関する文献などは原則として、それぞれの記述の後に記した。

本書第2章から第4章で検討する中心市街地活性化事業に関する記載はできるだけ出典を明記するように努めたが、中心市街地活性化基本計画本文と概要、さらに最終フォローアップに関する報告に基づくものは名称を記し、ウェブサイトのURLを省略したものがある。中心市街地活性化基本計画と概要は、内閣府地方創生推進事務局の「認定された中心市街地活性化基本計画」のページ（https://www.kantei.go.jp/jp/singi/tiiki/chukatu/nintei.html）にリンク集が一覧としてあり、また最終フォローアップに関する報告書は、同じ内閣府地方創生推進事務局の「最終フォローアップに関する報告」のページ（https://www.kantei.go.jp/jp/singi/tiiki/chukatu/followup/131025followup.html）にリンク集があるので、こちらを参照されたい。なお、二〇一五年の青森県十和田市と一六年の山梨県甲府市の最終フォローアップ報告書は二〇二一年三月三十一日時点ですでにリンクがなくなっているので、必要な場合にはそれぞれの市の担当部課に連絡されたい。

はじめに

みんなで出し合ったお金で本と情報を集めて活用する。仕事や生活、学習などに役立て、同時に本と情報を仲立ちにした人々の語り合いと交流のなかから新たな知と活力、にぎわいを地域にもたらす。それが図書館だ。

そうした図書館への道を、つまりまちづくりに関わる図書館の検討を通して探求するのが本書である。加えて、来たるべき成熟社会での図書館のあり方についても考察する。

公共図書館のうち公立図書館は、住民の税金によって運営される住民自治の施設である。住民自治の施設なら、まちづくりに関わり、まちづくりを支援するのは当然の務めだろう。ところが、図書館を関連付けたまちづくりが話題になったのは、ごく最近のことだ。図書館とまちづくりは、関連があるものとして話題に取り上げられることは少なかった。

二〇〇六年に文部科学省これからの図書館の在り方検討協力者会議は「これからの図書館像――地域を支える情報拠点をめざして」という報告を公表した。この報告では、今後の図書館のサービスの一つとして、地域の課題解決支援を提案し、これをきっかけとして、地域に関わる図書館は増えた。これは、まちづくりに関わる図書館への道を開いたといえる。しかし、まちづくりは図書館の究極の目標ではない。地域の課題解決支援サービスがひとつの通過点なら、まちづくりも図書館にとってひとつの通過点でしかない。

図書館がまちづくりに関わることは、地域住民にとっての住みやすい地域をつくるというひとつの通過点になるだろう。それは、これから到来する成熟社会（第6章「人々が集い、活動し創造する図書館へ」で詳述する）に図書館が関わることで成熟社会をよりよいものにするために、必ず通らなくてはならない道である。

成熟社会は、経済は低成長だが、精神的な豊かさや生活の質の向上を求める、平和で自由な安定した社会になるといわれている。しかし日本では、成熟社会の到来は、解決しなければならない多くの問題、例えば、少子・高齢化、財政難などを抱えることになる。また、地球規模での課題としては、環境問題や核廃絶などへの取り組みがあげられるだろう。これらの問題に対しては、地球規模、国家規模での取り組みと指針なども必要だが、地域での住民による自主的な取り組みも欠かせない。

成熟社会では、政治、経済、文化、社会、環境など、あらゆる問題の解決にすべての人が参加することになる。つまり、地域の問題を解決するために、すべての人が参加し、話し合い、知恵を出し合ってよりよい社会へと変えていくようになる。

成熟社会のなかで図書館が期待される役割とは何だろうか。それは、図書館がもつさまざまな機能を十分に発揮すること、そして各機能を融合させることではないだろうか。

図書館の機能として、①知的な創造の場としての機能、②情報拠点としての機能、③調べる場としての機能、④読書を推進する機能、⑤教育・学習的な機能、⑥文化的な機能、⑦余暇的な機能、

⑧知的な自由を保障する機能、⑨知的な創造物（本）を後世に伝える機能、⑩本を仲立ちとして人が集う機能、をあげることができる。

このうち、②の「情報拠点としての機能」は、一九九四年にユネスコの「公共図書館宣言」で提唱された。これは、九三年と九四年に国連とユネスコが提唱した世界情報基盤整備を受けて改訂したもので、情報通信ネットワーク社会の到来を想定したものである。そのため図書館は、地域の住民が必要に応じて情報を入手できる、情報拠点にならなければならない。だから、資料提供という機能は、②に含まれると理解できるだろう。これからの社会は、印刷物だけでなく、デジタル化されたネットワーク上の情報も必要になる。図書館はそれらを入手する拠点にならなくてはならないというのが、ユネスコの提案である。したがって、七〇年代から唱えられてきた「図書館の基本的機能は資料提供」という考え方は、この〈情報〉の一部に含まれるものといっていいだろう。

また、資料・情報の入手は、①から⑩の機能すべてに関わるものだ。だとすれば、資料提供だけを図書館の基本的機能とすることは適切ではない。①から⑩は相互に密接な関係にあり、どれか一つを欠いても図書館は成り立たない。例えば「調べる」という機能は、①から⑩のすべてに関わることである。だから、「調べる」だけを取り出して、図書館の基本的な機能としても意味はない。

図書館は社会のなかにあって、個人、学校、企業、自主的に組織された集団、地域の連帯によって生まれた集団など、さまざまなものと複雑に絡み合って成り立っている施設だ。したがって、機能はそれ単独ではなく、①から⑩の機能相互での関係で語られなければならない。図書館の基本的な機能は資料提供とするのは車は前後左右に動くものだというのと同じである。つまり、抽象的な観念のようなものだから、それ自体を取り上げても図書館がもつ社会的な意味は明らかにならない。日本では、「資料提供」という基本機能が観念のように唱えられてきたが、それだけで図書館が何であるかを示すものとはならないのだ。

図書館は社会のなかにあり、社会的な活動をおこなう施設である。だから、図書館の機能について説明するには、具体的な事例に即して語らなければならない。資料提供は、図書館の知的自由との関連でも語られる。しかし、図書館の知的自由は、先にあげた機能②に関わるものだけでなく、①から⑩すべての機能に関係している。

各機能を融合できれば、住民と地域社会のために、図書館がもっている力とエネルギーが発揮されるようになる。

まちづくりのなかでの図書館で特に重要なのが、図書館に対する住民自身の行動である。それは、ボランティア活動だけではない。図書館の運営、サービス・事業の提供について住民自身が担い手になることだろう。また、地域で図書と図書館に関わる活動をおこなうことでもある。

既存の図書館を、住民の力が発揮されるような図書館に変貌させることが求められる。その意味で、北海道の滝川市立図書館や幕別町図書館などのまちづくりへの取り組みは注目すべきといえる。

図書館のよりよいサービス・事業は、地域の人々の生活や仕事、また人々の心をより深く理解することから生まれる。図書館の存在自体が、人々の生活や仕事、心情に根差したものだからだ。そのように考えるなら、図書館の資料も、地域の人々の生活や仕事、心情に表れる価値観に基づいて構築されるといわなければならない。これからの図書館は、地域住民の生活や仕事に貢献することに主眼を置き、地域の課題や問題と向き合い、それらを総合するまちづくりへと取り組みを進めながら、少子・高齢化、情報化が一層進む成熟社会に貢献する施設を目指す必要がある。

図書館はこれから、人々が集い、活動し、創造して、その成果を地域社会にもたらす支援施設にならなくてはならない。だから、現在の図書館のあり方を変えていかなくてはならないのだ。本書がその一助になれば幸いである。

第1章　まちづくりと図書館の関係

1　まちづくりとは

「まちづくり三法」と中心市街地活性化事業

　現在、〈まちづくり〉というと、一九九八年公布の「まちづくり三法」がまず頭に浮かぶ。「まちづくり三法」とは、「中心市街地の活性化に関する法律（平成十年法律九十二号）」（略称、中心市街地活性化法）、「大規模小売店舗立地法（平成十年法律九十一号）」（略称、大店立地法）、改正「都市計画法」（平成十八年法律三十号）の三つの法律の総称で、中心市街地の再開発を進め、「様々な都市機能がコンパクトに集約された歩いて暮らせるまちづくり[1]」を目指すものである。誰もが「歩いて暮らせるまち」をつくるという意味で、単なる都市再開発にとどまるものではなく、幅広い事業を対象にしている。ハード面でもさまざまな事業が実施できるが、ソフトについてはさらに広い範囲の事業が実施可能になっている。事業は教育・文化なども対象になり、図書館、美術館、博物館などの建設や、サービス事業も含まれる。環境問題に関しては、持続可能な地球環境に関わる事業を対象にする計画もある。

「まちづくり三法」、特に中心市街地活性化法に基づいて各地で取り組みが進められ、二〇二〇年十月の時点で、内閣総理大臣が認定する基本計画は、百四十八市二町、二百五十計画にのぼっている。百五十市町で二百五十計画という数字からもわかるように、一つの自治体で、二期三期と継続的な事業に取り組んでいる例もある。

しかし、〈まちづくり〉は、こうした国の政策に関わるものだけではない。地域社会では、住民自ら、また地方自治体（地方政府）が、さまざまなテーマで取り組んでいるのだ。

地域住民のまちづくりへの取り組み

そもそも、まちづくりとは、地域の住民が集まり、自分たちの地域をよりよいものにしようとする一連の行為を指す。日本では、中世、地域住民の意識が高まったことと、また、新たな産業が生まれ生活が以前よりも豊かになったことで、住民自らのむらづくりが始まった。これが現代のまちづくりの源流といっていい。むらづくりは、戦国期、近世と受け継がれ、近代に入ってもさまざまな試みが各地で続けられてきた。明治以降、大日本帝国憲法下では中央政府の中央集権的な政策に府県と市町村が組み込まれた時期もあるが、まちづくりは、地域住民自身によって地域をよくするために地域で連綿と続けられてきた試みだというべきだろう。

現代のまちづくりは、自分たちが住み、生活している地域をよくしようという地域住民による試みに加えて、地方政府（地方自治体）の取り組みや、「まちづくり三法」に基づく事業のような国（中央政府）が、各地域をよりよいものにしようとする政策も指す。

それらは市町村の地域全体を対象にしたものから、一部の地域だけを対象にしたものまであり、取り上げられるテーマや事柄も「まちづくり」という包括的なものから生涯学習、読書、省エネルギーなどさまざまである。地域の伝統産業を核としたものや、地歌舞伎（地芝居とも呼ばれ、神社の祭礼や先祖供養などの宗教的行事の際に、数日程度の短い期間に限って催される。演者は地域の住民である）など、地域に伝わる文化を核とするものもある。また、水族館や美術館などの施設の活用を通してまちづくりをおこなおうとするものもある。

地域では、具体的にどのようなまちづくりへの試みがおこなわれているのだろうか。最近の事例を、二〇一七年から一九年の国立国会図書館作成の雑誌記事・論文の検索結果から抽出したものと、鹿児島大学司法政策教育研究センターの「全国条例データベース」（https://elen.ls.kagoshima-u.ac.jp/［二〇二一年三月三日アクセス］）の検索結果から抽出したものから、一部を紹介する。

「市民と行政の協働のまちづくり」（新潟県三条市）
「市民参加型まちづくり」（大阪府箕面市）
「持続可能なまちづくり」（大分県日田市）
「差別のない人権尊重のまちづくり」（神奈川県川崎市）
「男女共同参画のまちづくり」（熊本県八女市）

「子どもにやさしいまちづくり」（奈良県奈良市）
「商業まちづくり」（福島県）
「食と農のまちづくり（愛媛県今治市）」
「障がい者が活躍できるまちづくり」（北海道今金町）
「認知症に対する不安のないまちづくり」（愛知県大府市）
「健康長寿のまちづくり」（北海道本別町）
「高齢者が安心して暮らせるまちづくり」（富山県南砺市）
「花と緑のまちづくり」（宮崎県延岡市）
「河川空間を活かしたまちづくり」（愛知県岡崎市）
「ESDによる持続可能なまちづくり」（福岡県大牟田市）
「災害に強いまちづくり」（高知県黒潮町）
「復興住まいまちづくり」（熊本県益城町）

これらをみると、地方自治の基本的な分野から、経済、産業、福祉、環境、災害など住民生活の基本に関わるものまで、多岐にわたるまちづくりがおこなわれているようだ。

また、特定のモノや地域の伝統、地域の自然などの資源・特性などを生かしたまちづくりには、次のようなものがある。

「タンチョウと共生できるまちづくり」（北海道長沼町）
「〝江戸前アユ〟でまちづくり」（東京都世田谷区）

「歌舞伎のまちづくり」（埼玉県小鹿野町）
「音楽によるまちづくり」（沖縄県沖縄市）
「21世紀に夢かける源氏物語のまちづくり」（京都府宇治市）
「写真文化のまちづくり」（北海道東川町）

さらに、特定の施設をまちづくりの中心に据えるというものを同様の方法で探すと、次のようなものがある。

「鉄道新駅を核としたまちづくり」（石川県白山市）
「公民館を拠点とする生涯学習のまちづくり」（山梨県山梨市）
「図書館を核にしたまちづくり」（北海道幕別町）
「世界文化遺産を活用したまちづくり」（群馬県伊勢崎市）
「かさま歴史交流館井筒屋を拠点としたまちづくり」（栃木県笠間市）
「下水道事業を起点としたまちづくり」（佐賀県鹿島市）
「近代化遺産を活かしたまちづくり」（山梨県甲州市）

幕別町のように図書館を核にしたまちづくりのような大規模な取り組みから、地域住民が集まって運営するまちライブラリーや、千葉県船橋市から始まった情報図書館のように、まちづくりを目標の一つに掲げて地域で活動しているグループもある。

これらをみると、「まちづくり」は、地域社会全般に及ぶものだけではなく、部分的なものがむしろ多数を占めていることがわかる。

2　文化のまちづくりで成果を上げている町

こうした取り組みが一定の成果を上げているところもある。それも、経済的な効果や新しい商品の開発などとは直接に結び付かないような、文化を取り組みの中心に位置付けた試みで成果を上げている地域がある。図書館もまた、経済効果の波及は少ないと思われがちだ。こうした取り組みは、大いに参考になる。

岡山県奈義町は、横仙歌舞伎という地芝居の伝統がある。後継者の育成もかねて、こども歌舞伎──小学校三年になると、全員が学校で歌舞伎を演じる経験をする。『白浪五人男』の有名なせりふ、「知らざぁ言って聞かせやしょう」から始まるくだりは、全員がいえるようになるという。このセリフは、齋藤孝が『声に出して読みたい日本語』（草思社、二〇〇一年）で最初に覚えたいと取り上げているものだ。加えて、奈義町では職員採用試験に演劇を導入しているという徹底ぶりだ。『基礎自治体の文化政策』によれば、奈義町はきめこまやかな子育て支援や教育政策をおこない、現代美術館と図書館を持ち、文化面でも積極的な政策を展開している。人口六千人ほどの町だが、周辺地域から若い世代の移住者が多く、合計特殊出生率は二・八になっている(2)。

文化をまちづくりの核にするところは、いくつもある。北海道東川町は「写真によるまちづくり」を進めている。東川町は旭川市に隣接し、旭川から大雪山系に行くときに通るまちだ（私も何度か通ったことがある）。写真によるまちづくりを進めたことで、六千人台にまで落ち込んだまちの人口が、七千人台まで回復しているという。[3]もちろん、人口が増えたというだけでなく、住民の精神的な活性化を図ったため、人口増につながったのだろう。こうした精神的な心の活性化は、文化的な施設や政策だけでなく、図書館でも可能だ。

3　文化施設による社会的包摂の試み

前掲『基礎自治体の文化政策』では、文化的な施設が地域の社会的な包摂に挑戦しようとしている例も紹介している。それは次のようなものである。

岐阜県可児市文化創造センター ala では、館長の衛紀生が、公共文化施設は「芸術の殿堂ではなく人間の家」で、「「一部の芸術愛好者」のためでなく「普通の人々」のためにあるべきであり、「芸術的価値」「経済的価値」「社会的価値」を並立させる仕組みを編み出す必要がある[4]」と主張する。この考えに基づいて「感動体験」を共有することによって、活発なコミュニケーションを促し、家族が機能するように、就学援助制度を利用する家庭や一人親家庭への「私のあしながおじさんプロジェクト for Family」（寄付を原資とした公演への招待）をおこない、学習支援などにもウイングを伸ばそうとしている。税金で運営する公共文化施設という性質に鑑みれば、社会包摂の取り組みは公共文化施設で積極的におこなっていくべき事業であり使命だが、これは図書館にも当てはまる。

日本図書館協会がおこなったアンケート「自治体の総合計画等における図書館政策の位置づけ及び資料費・事業費の確保について（アンケート）２０１８年度版（都道府県）」の報告「自治体の総合計画等における図書館政策の位置づけアンケート（２０１８年度版）図書館のまちづくり事業事例集」[5]にある、神奈川県川崎市立図書館の「認知症の人にやさしい「小さな本棚」」、岐阜県恵那市中央図書館の「認知症カフェ」などの試みが該当する事業だろう。地域の社会的な包摂は、図書館がまちづくりに関わる視点としてもつべきものといえる。

4　まちづくりへの関心の高まり

次に、まちづくりへの関心がいつごろから始まったのか、関心の高まりはどの程度なのかを、雑誌記事・論文の数でみてみよう。つまり、〈まちづくり〉が自分たちが住む地域をよくするものだとすると、連綿と続いてきた住民の取り組みではあったものの、日本の歴史でみれば〈まち〉という概念が当てはまる地域はそれほど多くなく、「むら」が圧倒的に多い時代が長く続いた。近代になり都市化が進み、〈まち〉という概念が面的に広がったが、都市化が進んでも、そこに住む人々が地域をわが〈まち〉として意識してきたかどうかは、検討を要する。一時的な居住地域として認識し、しばらく過ごしたら移住するものだと思っていれば、そこは仮のすみかで、〈まち〉という認識は芽生えないだろう。

一八八〇年代（明治十年代後半から二十年代初頭）の資本の原始的な蓄積期、また昭和の高度経済成長期には、農村から都市へ大量の人の移動がみられた。移動して都市に住んでも、すぐにわが〈まち〉という意識が芽生えるわけではない。東京に大量に移住した人がどのくらい住み続けると、そこがわがまちであるという意識をもつのかわからないが、歌謡曲の歌詞で、東京に「ふるさと」というルビがふられたのは一九七六年、全国高等学校野球選手権大会（甲子園）に初出場の西東京代表・桜美林高校が優勝したことを歌った「嗚呼！深紅の旗　東京（ふるさと）に還る」（作詞・作曲：郷伍郎、編曲：池多孝春、歌：色鉛筆、一九七七年）が初見ではないかと思われる。いずれにせよ、現在語られている〈まちづくり〉が、いつごろから関心を集めたのかを検討しておきたい。

国立国会図書館のデータベース「NDL-Lib」の「詳細検索」[6]で資料区分を「記事」に限定して検索した（表1）。この設定では、雑誌記事、雑誌論文が検索できる。これは、国立国会図書館が収集している雑誌から一万タイトル程度を選んで作成した記事データベース（「国立国会図書館雑誌記事索引」を引き継いだ内容）で、一九四八年以後の雑誌記事、雑誌論文が検索できる。

検索は、タイトル中に「まちづくり」「町づくり」「街づくり」と関連用語、「村づくり」「島づくり」「地域づくり」という言葉があるもの、さらに「コミュニティづくり」も加えて、一九六〇年代から五年間ごとに検索した。[7]

一九六〇年代を通して「まちづくり」という言葉をタイトルにもつ雑誌記事・論文は四件しかないが、「町づくり」「街づくり」も合わせると二十四件になる。さらに、「村づくり」などの関連用語も合わせると四十五件になる。この時期「村づくり」が十九件と四割近くを占めている。

表1　タイトル中に「まちづくり」などの言葉がある雑誌論文、記事数の推移（1960年代から）

年（期間）	まちづくり	町づくり	街づくり	小計	村づくり	島づくり	地域づくり	コミュニティづくり	合計
1960-64	0	5	2	7	6	0	1	0	14
1965-69	4	11	2	17	13	0	1	0	31
1970-74	55	17	16	88	17	0	1	21	127
1975-79	152	43	46	241	83	1	36	0	361
1980-84	395	16	23	434	23	0	52	8	517
1985-89	508	12	16	536	7	0	96	2	641
1990-94	761	6	27	794	11	0	232	1	1,038
1995-99	2,598	15	26	2,639	18	0	683	0	3,340
2000-04	5,323	240	608	6,171	257	22	1,534	114	8,098
2005-09	6,282	204	546	7,032	155	85	1,616	97	8,985
2010-14	5,191	107	588	5,886	154	30	1,675	142	7,887
2015-19	5,020	83	514	5,617	188	31	1,979	93	7,908

一九七〇年代に入ると、七〇年から七四年の百二十七件から、七五年から七九年の三百六十一件と約三倍に増え、さらに、八〇年から八四年は五百十七件と増えている。

その後、一九八五年から八九年は六百四十一件とあまり増えていないが、九〇年から九四年には千三十八件になり、九五年から九九年には三千三百四十件と前の五年間の三・三倍に増加している。

二〇〇〇年代に入るとさらに関心が高まり、〇〇年から〇四年には八千九十八件と、その前の五年間の三千三百四十件から二・四倍になった。増加傾向は続き、〇五年から〇九年には八千九百八十五件になっている。

一九七〇年代の後半から地域の状況に即して「まちづくり」に独自に取り組む

自治体や住民グループが増えている。その流れを定着させたのは、七九年に大分県知事の平松守彦が提唱した「一村一品運動」だろう。これは、町や村が地域の物産を取り上げて特産品に仕立て上げ、生産、加工、販売を通して地域おこし、村おこし、まちおこしにつなげようというもので、最初は、単なる思い付きでうまくいくわけがない、企画倒れに終わるなどと酷評されたが、当時の大分県内の町村の住民の意欲を掻き立て、さまざまな取り組みが生まれた。その成果が、関あじ、関さば、豊後牛、カボスなどのブランド化の成功につながった。これはその後、全国の七〇パーセントの自治体が取り組むものとして地域振興策のモデルになり、さらに、生産者の顔が見える「ヒューマンブランド」作戦を展開するなど、大分県のユニークな活動は高い評価を得た。こうした取り組みは日本にとどまらず、タイやカンボジアなど十カ国以上でもおこなわれ国際的にも影響を与えたものになった。(8)

一九九〇年代後半にこうした取り組みが激増した背景には、本章第1節「まちづくりとは」で触れたように、九八年に「まちづくり三法」が制定され、国がまちづくりに取り組み始めたという事情があったと思われる。これに加えて、地方分権が九〇年代に推進され、九九年に地方分権一括法(地方分権の推進を図るための関係法律の整備などに関する法律)が成立したこともあげられるだろう。この法律によって、地方自治体に国の権限が大幅に移譲され、以後、地方自治体は地方政府として、それぞれの地域の実情に基づいた地域づくり、まちづくりを進めることが求められるようになった。

まちづくりについては二〇〇〇年代に入ってからも議論が続き、そうした議論を受けて、〇六年に中心市街地活性化法と都市計画法が改正された。

一九八〇年代に入るまで、経済の成長を背景に都市が拡大成長するという前提に基づいて開発がおこなわれてきた結果、「居住、公益施設など様々な都市機能が郊外に拡散し」、中心市街地の空洞化が進んでしまうなどの問題が発生した。その弊害を、国土交通省は、次のように指摘している。

①自動車依存型の都市構造による高齢者等の生活利便性低下
②拡散した都市構造による各種公共サービスの効率性低下、都市経営コストの増大
③広域的都市機能の立地による道路計画上想定しない交通渋滞の発生
④都市機能の拡散に伴う公共交通の衰退、自動車利用の増加による環境負荷の増大
（出典：「二〇二〇年度（令和二年度）中心市街地活性化ハンドブック」〔https://www.mlit.go.jp/crd/index/handbook/1sankou.pdf〕［二〇二一年三月十九日アクセス］）

中心市街地の空洞化は、一九七〇年代のイギリスなどヨーロッパ諸国ですでに指摘されていた問題で、日本でも東京では八〇年代にはっきりと現れていた。日本全国でみても、八〇年代後半には顕著に現れていた。そうした状況がさらに進行して、国土交通省が指摘するような事態になった。一九九八年に成立したまちづくり三法は、市街地空洞化の進行を止めて都市の再生をねらったが、さらに新たな事態が発生して、二〇〇六年、中心市街地活性化法と都市計画法の改正に至った。

これは、国土交通省の指摘にとどまらず、その背景にある社会の大きな変化も視野に入れておく必要がある。すなわち、低成長経済下の少子・高齢化の進行と、情報化、つまりコンピューター情

報通信ネットワークを基盤とした新しい社会の出現である。こうした事態に対応するとともに将来の成熟社会に向けてまちづくり三法が改正され、「様々な都市機能がコンパクトに集約した歩いて暮らせるまちづくり」を強力に進めていくことになった。そのため、国は中心市街地活性化法に基づいて中心市街地活性化本部（本部長：内閣総理大臣）を設置し、基本計画を内閣総理大臣が認定することにし、多様な民間主体の参画を保証するため、地域では中心市街地活性化協議会を必ず設置することになった。(9)

5　図書館とまちづくりの関係

図書館がまちづくりに取り組むには、自治体や住民、地域の団体などが取り組んでいるまちづくりと関係をもつことから始まる。きっかけになるのは、資料の貸出やレファレンス質問・相談、回答サービスの利用などだろう。これは、「地方創生レファレンス大賞」の第一回（二〇一五年）の文部科学大臣賞が、鳥取県立図書館のレファレンスサービスを活用した鳥取市まちづくり協議会だったという事例からもわかることだ（本書第6章を参照）。

住民が取り組んでいる「まちづくり」は多様だ。ここまで取り上げた事例はそれらの一端にすぎず、この何十倍、何百倍というまちづくりへの取り組み事例がみられる。一つの自治体のなかでも、取り組みを進めるための条例がつくられたり自治体計画の目標になっているだけでなく、住民や団体、諸組織が独自に取り組んでいるものも数多くある。それは、スポーツ団体であれば、スポーツを通じたまちづくりになるし、ものを作っている組織であれば、ものづくりを通じたまちづくりになる。

多様なまちづくりの試みと図書館が関係をもつことから、「まちづくりに取り組む図書館」が始まる。それは、図書館の日常的なサービスから、例えば、住民がスポーツを通じたまちづくりについて調べる必要が生まれ、図書館に問い合わせるというところから始まる。もちろん、図書館で住民がまちづくりに関する本を読む、まちづくりに関心がある住民が集まって調べる、意見を交換するという関わりもある。それに対する図書館からのはたらきかけは、例えば、まちづくりに関する資料を収集・整備して、それらをテーマ展示する、調べ方のマニュアルにまちづくりに関する内容を組み入れ、要点をリーフレットにして関心がある住民が読めるようにする、などである。

ときには、図書館で商用データベースの使い方や、インターネットのデータベースの検索方法を案内する講座を開催することもあるだろう。受講者のなかに、まちづくりに関心をもっている人がいたらどうか。その人がまちづくりについて図書館で調べ、必要な資料の取り寄せを図書館に依頼するとか、関連する特定の事柄についての調べ方を図書館員に聞くことから、図書館とまちづくりとの関わりが始まるということもある（こうした事例は、熊本市立くまもと森都心プラザ図書館に見学にいったときに聞いた）。もちろん、自治体の総合計画、長期計画などまちづくりの政策の一部に図書館を位置付け、住民や行政部課、施設などと協力して取り組むということもある。

読書のまちづくりに取り組んでいる自治体では、まちづくりとの関わりを意識する、意識しないにかかわらず、図書館もまちづくりの一端を担って活動しているといっていいだろう。そうしたなかで、北海道恵庭市のように図書館が中心的な役割を果たしているところもある。
「図書館雑誌」二〇一八年六月号（日本図書館協会）の「連載 まちづくりと図書館最前線10」では、「育ちあう――小さな村の「人と図書館」」（四〇八―四〇九ページ）というタイトルで近藤明子が長野県下條村立図書館の事例を紹介している。村立図書館が郵便局の要請に応じて、郵便局で「POSTミニ図書館」として資料の貸出をおこない、小学生の図書館ボランティア活動を進めるなど、地域との関係を密にすることを通してまちづくりに貢献していることを伝える内容である。これは、図書館の日常的なサービス・活動が、まちづくりに関わっていることを示す事例の一つといえるだろう。

図書館は、地域に対してサービス・事業を提供しているので、まちづくりと何らかの形で関わっていると考えられる。読書や学習、調査、資料提供などは、個人のためのものであっても、それを通して個々人がより生活や仕事を実現できるのであれば、図書館は地域社会に役立っているといえる。

ただ、問題なのは、そうした関係を図書館が可視化して、地域住民や行政の職員や議員などに地域への努力や貢献を訴えてこなかったことだ。それがおこなわれなければ、いかに図書館が熱心に日常のサービス・事業を進めていても、その熱意は地域全体に伝わらない。

6 低調な図書館界のまちづくりへの関心

「まちづくり」と同様、図書館と図書館に関わる人々のまちづくりに関わる意識の変化を、国立国会図書館の「NDL-Lib」で検索してみよう。「まちづくり」の検索と同様に、タイトル中に「図書館」「まちづくり」などに関係する言葉が含まれている雑誌記事・論文を検索する（表2）。

表2をみると、図書館界および図書館に関心がある人々の間にまちづくりに関する意識が高まるのは、二〇〇五年から〇九年の時期である。〇五年から〇九年の件数が、その前の〇〇年から〇四年の六件から二十一件へと三・五倍に急増している。これは、図書館に関する関心が高まり、そのなかで「図書館」と「まちづくり」についても関心が高まった結果ではない。それは、参考に示した「図書館」という言葉をタイトルに含む記事・論文数と比較してみるとわかる。「図書館」という言葉がある記事・論文数は、一九九五年から九九年に八千件を超えて、以後ほぼ同水準で推移しているし、二〇〇〇年から〇四年では、七千件台半ばとやや減少しているからだ。

「図書館」と「まちづくり」関係という二つの言葉をタイトルに含む雑誌記事・論文数は、「図書館」という言葉を含む雑誌記事・論文数と比べても非常に少ない。また、表1の「まちづくり」などの言葉を含む雑誌記事、論文数と比較しても非常に少ない。件数をみてもわかるように、図書館界は、まちづくりについてはあまり関心をもってこなかったし、いまでももっていないということ

表2　タイトル中に「図書館」「まちづくり」などに関係する言葉がある雑誌記事・論文数の推移（1960年代から）

年（期間）	まちづくり	町づくり	街づくり	小計	村づくり	島づくり	地域づくり	コミュニティづくり	合計
1960-64	0	0	0	0	0	0	0	0	0
1965-69	0	0	0	0	0	0	0	0	0
1970-74	0	0	0	0	0	0	0	0	0
1975-79	0	0	0	0	0	0	0	0	0
1980-84	0 (1)	0	0	0	0	0	0	0	0
1985-89	2	0	0	2	0	0	0	0	2
1990-94	2	0	0	2	0	0	0	0	2
1995-99	4	0	1	5	0	0	0	0	5
2000-04	6	1	0	7	0	0	0 (2)	0	7
2005-09	21	0	1	22	0	0	0	0	22
2010-14	29	0	1	30	0	0	8	1 (3)	39
2015-19	60	1	0	61	0	0	7	1	69

参考

期間（年）	検索語「図書館」で検索した結果 (4)
1960-64	1,528
1965-69	2,254
1970-74	2,906
1975-79	3,330
1980-84	4,906
1985-89	4,921
1990-94	5,471
1995-99	8,278
2000-04	7,634
2005-09	8,802
2010-14	8,514
2015-19	6,954

(1) 3件あったが、内容は、国立国会図書館が調査した外国の市民参加についてのレポートだった。直接関係がないので、「0」件とした。
(2) 1件あったが、大学教授で図書館長でもある著者が書いた地域づくりに関する論文で、タイトル中にも「図書館長」という文字列があったのでリストアップされたもの。内容的に関係がなく、0件とした。
(3) タイトルに図書館という言葉があり、特集名にコミュニティづくりという言葉がある論文だが、全く関係ないとはいえない。
(4) キーワード「図書館」の結果件数から、「図書館 and 大学」「図書館 and 学校」それぞれの件数を引いた数とした。なお、表2では、大学、学校の言葉を and で追加検索していないので、それを実施すれば、若干少なくなる可能性がある。

ができるだろう。したがって、図書館が地域住民や地方自治体が取り組んでいるまちづくりについて関心をほとんど示していないということは、現在の日本の図書館が住民の求めるところから距離を置いている遠い存在になっているといえなくもない。

ただし、こうした考えに異を唱える人もいるだろう。二〇一七年、日本図書館協会は「自治体の総合計画等における図書館政策の位置づけについて」というアンケート調査結果を発表した。この発表を「日本経済新聞」（二〇一七年一月十日付）は、「まちづくり・地域振興事業を行っている」という項目に四百九十七自治体が「取り組んでいる」と回答した点に注目し、「図書館をまちづくりの核に　四百九十七自治体が交流や就業支援の場」(10)というタイトルで報じた。ただ、事例を通覧するとたしかに取り組みをしているのだろうが、それらが「まちづくりの核」になっているのかといえば、その点にははなはだ疑問なものが多い（ただし、記事を読むと「まちづくりの核」になればという希望も含まれているようだから、ことさら問題である、誤りであるとはいえない）。

さらに、日本図書館協会は「自治体の総合計画等における図書館政策の位置づけアンケート（2018年度版）図書館のまちづくり事業事例集」を発表した。これは、二〇一八年の調査で回答があった五百四十三の事例の一部をまとめたものである。事業事例集に収録された事例数は百七件である。これらは、「自治体の総合計画等における」とタイトルにあるように、総合計画や長期計画などに記載された取り組みだから、本書で論じている地域住民が自主的に取り組んでいるものまで含むものではないことも頭に入れておく必要がある。

日本では、少なくとも中世に有力な農民を中心に村ごとにまとまり、「惣《そう》」という自治的な組織がつくられた。また、同じ時期に都市部では、京都にみられるように、裕福な商工業者を中心に「町衆」と呼ばれる組織がまちを管理していた。

当時もまち、むらに住む住民の関心の一つに、自分たちが住む地域、むらをよくしようということがあったはずだし、それは江戸時代でも変わらないものだっただろうし、近代にも引き継がれていくことになった。地域のなかのある場所に、冊子が置かれ、それが読まれ、新たに文章や書物が書かれ、活用されたことは想像にかたくない。近代に入っても、地域の名望家、有力者、寺院などが収集した冊子や記録などが存在し（その一部は「文庫」と呼ばれていた）、そこに集って読み、学び、語り合い、そこから新たなアイデアが生まれて、むらづくり、まちづくりに生かされたと想像できる。

日露戦争（一九〇四年）の後、疲弊したまちやむらを立て直すために町村是運動などが取り組まれたが、そのなかでまちやむらの文庫あるいは図書館が、産業振興などに生かされるという事例があった。また、大阪府のように図書館を寄付した事業主などの希望で、地域産業に役立つサービスを重視したり、東京市のように地域の状況に応じて、例えば、学生街に立地する駿河台図書館は研究者や学生向けの学術全般、京橋図書館は地元実業家が協力して寄付した関係で実業関係、深川図書館は工業地域だったので工業・労働関係、浅草は商工業者が多く集まる地区だったので商工業関係と、それぞれ特色があるコレクションを構築してサービスをおこなった例もある(11)。

表2の分析に話を戻そう。表2で図書館とまちづくりに関する雑誌記事・論文数の推移をみると、図書館界は日本全体でまちづくりに関心が高まった時期から十年ほど遅れて関心が高まっているこ

とになる。これは表1と同様の状態である。

こうした状況はあるものの、二〇〇五年から〇九年は図書館界と図書館に関心がある人々の間で、まちづくりについて関心が高まった。その一つの要因を紹介しよう。「はじめに」で記したように、〇六年、文部科学省これからの図書館の在り方検討協力者会議は「これからの図書館像――地域を支える情報拠点を目指して（報告）」を公表した。この報告書は、これからの図書館のあり方を示したものだが、特に図書館界外の注目を集めた提案に、地域の課題解決支援サービスがある。図書館が地域に目を向け、地域の課題を把握して、それに取り組む住民や行政などを支援しようとする提案だった。

地域の課題解決支援サービスの提案は、地域の課題と向き合うことを通して、地域社会、そこで生きる人々の生活や仕事、個々人の心情をより深く理解し、よりきめ細かな図書館サービス・事業を展開できるように期待したものだった。

図書館のサービス・事業は、地域の人々の生活や仕事、また人々の心をより深く理解することから生まれる。図書館の存在自体が、そうした人々の生活や仕事、心情に根差したものだからだ。そのように考えるなら、図書館の資料も、そうした人々の生活や仕事、心情に表れる価値観に基づいて構築されるといわなければならない。これからの図書館は、そうした人々の生活や仕事に貢献することに主眼を置いて、地域の課題や問題と向き合いながら、それらを総合するまちづくりへと取り組みを進め、さらに、少子・高齢化が進み、情報化が一層進む成熟社会の質の向上に貢献する図書館になっていかなければならない。

7　まちづくり、中心市街地活性化事業検討の意義

まちづくりに関わる図書館と図書館のサービス・事業を検討するにあたって、本書ではまず、「まちづくり三法」に基づいて作成・実施される中心市街地活性化事業に注目してみたい。この事業は、中心市街地を再開発して新しいまちをつくろうとするもので、まちづくりがテーマになっている。

「まちづくり三法」の一つ、中心市街地活性化法の目的は、都市の中心市街地の停滞・衰退などの都市問題に対処し、「様々な都市機能がコンパクトに集約した歩いて暮らせるまち」を実現するためのものである。この法律は、本章第1節「まちづくりとは」で述べたように、大型店の立地に際し周辺の生活環境との調和を図っていくことを目的とする法律（大規模小売店舗立地法）と、大型店の地域内での適正な立地を誘導するために改正した都市計画法と一体になって、あわせて「まちづくり三法」と呼ばれている。

「まちづくり三法」は、もっぱら都市再開発と商店街などの振興に関わるものと理解しがちだが、中心市街地の空洞化や都市環境などの各種の都市問題にも対処する内容をあわせ持っている。基本計画は、それぞれに地域の実情に合わせて、かなり広い範囲の事柄を取り上げていて、文化、教育なども含め、図書館も当然、対象になっている。

そのなかで計画されている図書館関係事業がかなりあるので、まずそれらをリストアップして、まちづくりに関わる図書館について検討することにしたい。

作業は、三つである。

①中心市街地活性化基本計画で、図書館に関する事業とその事業全体のなかでの位置付けを明らかにする。

②事業内容のうち、図書館の日常的なサービス・事業をリストアップする。

③それらの評価、地域社会への効果などがどのようなものかを明らかにする。

①は、社会のなかでの図書館の位置を探るための手がかりになる。②は、まちづくりに関わる図書館のサービス・事業としてどのようなものが考えられるかの手がかりとする。③は、今後も図書館は期待されるものか、あるいは期待されないものになるのかなどを判断するうえで重要な示唆を得ることができる。

さらに、中心市街地活性化基本計画に掲載されたということは、まちづくりを進めるうえで、図書館に対して何らかの期待があってのことだと思われる。これらの検討を通して、その期待がどのような内容なのか、その期待に応える事業効果を図書館は発揮できるものなのか、仮に、できなかったとすると、それはなぜなのかなども検討することになる。

以上の検討を通して、図書館のまちづくりに果たす役割やサービス・事業などを考える手がかりを得ることができるだろう。

それではまず、中心市街地活性化基本計画に掲載してある図書館についてみていくことにする。

注

（1）国土交通省「「まちづくり三法」とは何か」国土交通省（https://www.mlit.go.jp/crd/index/handbook/1sankou.pdf）［二〇二〇年十二月三十日アクセス］
（2）これは文化、地歌舞伎を核としたまちづくりの成功事例として、藤野一夫／文化・芸術を活かしたまちづくり研究会編著『基礎自治体の文化政策――まちにアートが必要なわけ』（〔文化とまちづくり叢書〕、水曜社、二〇二〇年、七九、八〇ページ）で紹介している。
（3）同書八〇、八一ページ
（4）同書一四一、一四二ページ
（5）日本図書館協会「自治体の総合計画等における図書館政策の位置づけアンケート（２０１８年度版）図書館のまちづくり事業事例集」（http://www.jla.or.jp/Portals/0/data/bukai/public/2019anketo02-2.pdf）［二〇二一年一月三十日アクセス］
（6）このサービスは二〇二〇年十二月をもって終了していて、現在は「国立国会図書館サーチ」に引き継がれている。
（7）さらに、「区づくり」「市づくり」「県づくり」なども関連用語になると思うが、国立国会図書館の検索エンジンの検索語が短い言葉で検索するようになっていて、それぞれのまとまりで厳密な検索をするには技術が必要なようである。今回は傾向を把握するという目的でおこなったので、単純な検索にとどめた。また「区づくり」などは、数も多くないと思うので、検索の対象にしなかった。
（8）『自由国民社　現代用語の基礎知識２００１年版』（ＤＶＤ、LogVista、二〇〇一年）、「一村一品／ヒューマン・ブランド」の項。

（9）前掲「「まちづくり三法」とは何か」

（10）「日本経済新聞」二〇一七年一月十日付（https://www.nikkei.com/article/DGXLASDG09H3Y_Q7A110C1CR0000/）［二〇一八年二月十日アクセス］

（11）柳与志夫／田村俊作編『公共図書館の冒険――未来につながるヒストリー』（みすず書房、二〇一八年）二八ページに関連の記述がある。こうした試みは、戦後、東京二十三特別区の図書館にも引き継がれ、大田区などでは、地区図書館の場合、それぞれの地域の状況を踏まえたコレクション形成を分担しておこなってきた。個人的には、一九八〇年代に、明治・大正期の被差別部落に関する資料調査に従事したことがあった。明治期の新聞・雑誌などのほかに、町村の国に提出した事業報告書や、町村是（現在でいえば、町村の長期計画にあたる）の冊子などを渉猟したが、官報の資料篇などにも優良なむら・まちの報告などもあって、それらのなかにいくつも例がみられたが、図書館の資料収集が目的ではなかったために簡単なメモ程度しか残さなかったので残念である。それを手掛かりに調べる方法もあるが、コロナウイルス感染拡大の影響で出向いて調べる機会を得られなかった。

第2章　まちづくり、中心市街地活性化事業と図書館

1　まちづくり、中心市街地活性化基本計画の枠組み

「まちづくり三法」に基づく中心市街地活性化事業に取り組もうとする地方自治体は、計画を策定し、国、内閣総理大臣によって法の趣旨に基づく事業であるかどうか認定を受ける必要がある（中心市街地活性化事業は各地で取り組まれていて、国の認定を受けたものを、受けないものと区別するために「認定中心市街地活性化事業」と呼んでいる。ここでは、認定されたものを対象として検討する）。

内閣総理大臣によって認定を受けた中心市街地活性化基本計画は、二〇二〇年十月現在、百四十八市二町二百五十計画になっている。最初に認定を受けたのは、二〇〇七年（平成十九年）二月の富山県富山市だった。百五十市町で二百五十計画なので、ひとつの市町で二つ、三つと計画を作って認定されたところがあるが、同じ市でも、同じ地域の継続事業と、異なる地域でそれぞれに認定され

たというケースがある。

基本計画は、基本方針に基づいて目標を設定している。大きな目標のもとに細かい目標があり、それぞれを実現するための事業を計画し、具体的な数値目標を示すという枠組みになっている。数値目標は、歩行者通行量、施設利用者数、小売販売額などである。さらに、事業期間終了後には、数値目標が達成されたかどうかの評価（第4章第1節「最終フォローアップ報告書」で詳述する）を公表することになっている。

以上を理解するために、福島県白河市と福岡県北九州市黒崎地区の例を紹介する。

白河市中心市街地活性化基本計画（二〇〇九年〔平成二十一年〕認定）

コンセプト　歴史・伝統・文化が息づく市民共楽の城下町

基本方針1　城下町の快適な暮らしづくり

【目標】高齢者も安心して生活できる住環境を整備し、街なか居住の促進を目指す

→主要事業：①旧農協会館・商工会議所会館住宅整備事業、②街なか集合住宅建設助成事業、など

基本方針2　匠の技とおもてなしの商店街づくり

【目標】商業施設整備や買い物を楽しくする取組みにより、魅力ある商店街形成を目指す

→主要事業：③歴史的モール拠点整備・蔵活用事業、④商業施設整備事業、⑤白河駅舎活用事業、など

基本方針3　市民共楽のふるさとづくり

【目標】回遊環境の整備や各種イベントにより、誰もが集い、楽しめる街を目指す

→主要事業：⑥白河駅前多目的複合施設整備、⑦山車会館・ポケットパーク整備事業、など

（出典：白河市「白河市中心市街地活性化基本計画」二〇〇九年〔平成二十一年〕）

北九州市（黒崎地区）中心市街地活性化基本計画（二〇〇八年〔平成二十年〕認定）

基本方針　クロスロード黒崎　人が集い、暮らし、交流する、賑わいあふれる副都心

○基本方針1、多様な人・モノ・情報が集まり、交流する都市空間づくり

○基本方針2、人が立ち寄り、回遊する、歩いて楽しいまちづくり

○基本方針3、誰もが快適で便利に暮らせるやすらぎのある居住環境づくり

○基本方針4、人のふれあいと賑わいを感じさせる商業空間づくり

○基本方針5、地域一体となったパートナーシップのまちづくり

目標

①来街者で賑わうまち（集客と回遊性の強化）【基本方針1＋2＋5からの目標】

・駅前商業施設の再生、文化・交流機能の整備、更には地区に隣接する医療保健・福祉機能や新たな集客核を含めた多様な都市機能の集積を推進するとともに、それらのインパクトを中心市街地全体の賑わい増や商業活性化につなげるため、消費者ニーズにあった店舗づくりや魅力ある歩行空間等の整備、市民生活に役立つ情報・サービスを商店街から発信するなど、黒崎副

都心地区のコア機能を担えるよう、商業地として魅力を高める取り組みを地域一体となって進め、多様な集客と回遊で賑わいを創出する。特に、鉄道やバス等の公共交通の利便向上や周辺の集客核との連携など、多様な目的で集まる人が自然に駅前商業地で結節する仕組みづくりを進める。

②住みたい・住み続けたいまち（定住人口の増進）【基本方針3＋5からの目標】

・民間活力及びそれを後押しする支援策を講じることによって、中心市街地内に現存する低未利用地を有効活用し、共同住宅を中心とした住宅供給を行う。また、長崎街道や社寺等の歴史文化、撥川や松並木をはじめとする水や緑の自然環境、周辺の都市福利施設等に加え、新たな文化・交流空間や集客核などによる利便性・快適性に満ちた居住環境を整備することによって、〝都心居住〟を促進し、「定住人口」を増加させる。

③経済活力のあるまち（商業の活性化）【基本方針4＋5からの目標】

・中心市街地にある商店街及び大型店が連携して、市民から求められる業種・業態・品揃えやサービスを充実し、魅力ある商業環境を整備するとともに、個性的な賑わいづくりや交流を促進する、地域一体となったソフト・ハードの果敢な取り組みにより、一つの魅力あるショッピングモールのような創造的な商業空間を形成するなど、タウンマネジメントの手法を取り入れて、中心市街地全体の経済活動を活性化する。

（出典：北九州市「北九州市黒崎地区中心市街地活性化基本計画」二〇〇七年〔平成十九年〕）

基本計画を通覧すると、図書館に関わる記述は白河市の形式のほうが多い。

図書館は、白河市の計画では、基本方針3の「市民共楽のふるさとづくり」に位置付けられて、主要事業⑥「白河駅前多目的複合施設整備」で建設される複合施設内に設置する。

白河市の計画は、地域の歴史を重視し、地域性が強い、また住民の自主性が強いものになっている。市民がともに楽しむことができるふるさとづくりをうたった計画は、白河市だけだ。まちづくりを、〈ふるさとづくり〉としたところに、中心市街地活性化事業への市民の強い思いを示しているといえるだろう。

北九州市黒崎地区では、図書館は目標①「来街者で賑わうまち（集客と回遊性の強化）」に位置付けられている。

北九州市黒崎地区の計画は、基本方針それぞれに実現させる目標と事業を示すのではなく、五つの方針を融合させた目標を設定して、その実現を目指すという形式をとっている。この計画では、目標設定が緻密な調査のもとにおこなわれていて、図書館の波及効果についても詳しい計算式を示している。(1)

2　図書館の建設などを事業として予定している基本計画

認定中心市街地活性化基本計画のうち、図書館と図書館に関連する事業、および図書館類似事業を記載した基本計画は百三計画ある。自治体数は七十六である。

基本計画は二期、三期にわたるものがいくつかある。二期にわたるものは、群馬県高崎市、沖縄県沖縄市、大分県大分市、岐阜県岐阜市、北海道帯広市、長崎県諫早市など二十自治体、三期にわたるものは静岡県藤枝市、長野県飯田市、青森県八戸市、兵庫県川西市、岩手県石巻市である。

表3から表5に図書館の新設と図書館に関連する事業、あるいは類似の事業を計画している基本計画をとりまとめた。表3「中心市街地活性化基本計画の概要に記載された図書館事業および関係事業一覧」、表4「中心市街地活性化基本計画の概要に記載された図書館関連・類似事業一覧」、表5「中心市街地活性化基本計画の基本計画にみる図書館事業および関係・関連・類似事業一覧（表3に記載してある事業は除く）」について以下、概要を説明する。

表3は、基本計画の概要に、図書館の建設などと関連する事業について記載されているものをまとめたものである。基本計画本体の冊子は百ページを超える大部なもので、概要はそれを基本二ページにまとめたものである。ここに掲載されているのは、計画のなかでもとりわけ基幹・重要な事業といえる。

表4は、基本計画の概要に、図書館に関連・類似するサービス・事業などの記載があるものをまとめたものだ。これは、商店街の空き店舗対策としてミニ図書館などをつくるとか、複合施設内に図書室を設置する、駅前の大学施設のなかで図書の貸出サービスをおこなうなどを「関連・類似」としてまとめたものである。

表5は、概要には記載がないが、基本計画に記載がある図書館の施設などや関連するサービス・

事業をとりまとめたもので、図書館の新設から、八戸市の「本のまち八戸交流拠点形成事業」のような類似事業も含む。八戸市の事業は「本の販売や閲覧スペースの提供、本を中心としたイベントの開催など本に関する新たな公共サービスの提供拠点として八戸ブックセンターを整備して、各種サービス・事業を実施する」ものである。表５には、表４に掲載したものと同じ内容の図書館類似事業がある三計画が含まれている。

計画には記載がないが、中心市街地活性化事業で建設された子育て関連施設を会場にして、近くの図書館の図書館員が出張して読み聞かせやおはなし会などのイベントを開いている事例などが施設や図書館のウェブサイト、事業報告などを見るといくつもあるが、これらは、表には入れていない。こうした事例まで含めると、中心市街地活性化事業には、本書で検討の対象とする百三計画のほかにも、多くの図書館が関係していることになる。それらの検討は、別に機会を作っておこないたい。

表３　中心市街地活性化基本計画の概要に記載された図書館事業および関係事業一覧

凡例

１、項目は、自治体名、認定年、概要にみる図書館に関する記述。

２、概要の記載をそのまま記述したが、一部、基本計画から補ったものもある。また、概要になく基本計画に記載がある事業は、「＊」を付けて「このほかに、」として（　）に入れて補記した。注に類するものも同様の方法で（　）に入れて記述した。

３、自治体名の市・地域名のあとの番号は通し番号。③―①は、表３の１番目を意味する（以下、表４・表５も同じ）。

自治体名	認定年	概要にみる図書館に関する記述
熊本県 熊本市 熊本地区 ③―①	2007年 （平成19年）	**賑わい拠点創出** 研修会等の多目的ホール（500席）や観光情報の発信を備えた図書館等の整備により、人、もの、情報の交流拠点の形成（＊基本計画では、情報交流施設整備事業〔高次都市施設地域交流センター、地域創造支援事業、情報交流施設〕が該当）。
岐阜県 岐阜市 ③―②	2007年 （平成19年）	**商業の活性化・まちなか居住の一体的推進** ・施設整備：岐阜大学医学部等跡地に情報センター機能、市民活動交流機能、子育て支援機能を複合した施設整備による魅力あふれる・特色のある拠点の形成。周辺地域への波及。→③―㉘
静岡県 藤枝市 ③―③	2008年 （平成20年）	**駅周辺の拠点づくり** 市立病院跡地における官民複合施設の整備［BiVi 藤枝］（＊新図書館整備事業はここに含まれる）。→⑤―⑮、⑤―㉟
群馬県 高崎市 ③―④	2008年 （平成20年）	**ウエストコアゾーンの形成（行政・文化・医療）、音楽を中心とした“高崎文化”を創造発信するまち** ・新図書館・医療保健センターの建設：市民の健康と生命を守る保健機能と医療機能を備えた施設の整備、乳幼児健診を利用したブックスタート事業、医療保健センター利用者の読書習慣への接近、生涯学習への誘導など新しい事業を展開。

自治体名	認定年	概要にみる図書館に関する記述
大分県 大分市 ③―⑤	2008年 (平成20年)	**ライフスタイルを提案するまち** ・複合文化交流施設：区画整理により集約された区画で、社会福祉センター移転整備に併せて、文化・教育・産業・健康・福祉など多様な機能が集積した施設を整備する（＊複合文化交流施設整備事業内に、市民図書館建設がある）。→③―㉛
北海道 滝川市 ③―⑥	2008年 (平成20年)	**安心と憩いの提供** 中心市街地外にある図書館を市役所庁舎２階に移転し、開架図書の拡大等により、利便性の向上を図る（＊図書館活用向上調査事業もある）。
千葉県 柏市 ③―⑦	2008年 (平成20年)	**まちなかの回遊性の向上** ・拠点の形成：２つの市街地再開発事業や大型店の増床等による商業施設や図書館、クリニックモール等のあらゆる世代のニーズに対応した拠点施設や、ファミリー向け住宅の整備。 **まちなかの魅力の向上** ・あらゆる世代に対応：中央図書館を中心市街地へ移転し、大幅の増床、バリアフリー化、ゆったりした開架・閲覧スペース、市民交流活動スペースの確保等の機能拡張。
兵庫県 伊丹市 ③―⑧	2008年 (平成20年)	**集い学べる郷町（まち）なか** 中心市街地外から図書館を中心市街地に移転。周囲の景観やバリアフリー等に配慮するとともに蔵書の充実やコンピューターシステム等機能の充実を図ることにより、市民のまちなか文化活動の拠点づくりを行う。図書館と同敷地内に演奏会、映画会、文化講座等を実施できる「交流センター」を設置。子供への「読み聞かせ会」などを定期的に開催し、「ことば文化活動」を推進（＊このほかに、ことば文化まちなか拠点サービス事業、文化施設連携事業がある）。→③―㊷
愛媛県 西条市 ③―⑨	2008年 (平成20年)	**地域資源活用によるにぎわいの創出** ・地域交流情報センター（新図書館）整備：開架図書や駐車場の拡大、うちぬきの歴史・文化を模型やパネル、ビデオ等で発信する機能を有した新図書館を整備。

自治体名	認定年	概要にみる図書館に関する記述
高知県 四万十市 ③—⑩	2008年 (平成20年)	**暮らしやすく住みやすいまちづくり** ・図書館の改築：老朽化した市庁舎の建て替えと併せて図書館を2階に整備し、郷土資料展示コーナーの設置や来街者用駐車場を拡大（収容台数約3倍）（＊このほかに、まちの図書館〔商店街へのミニ図書館（本棚）設置〕がある）。
福岡県 北九州市 (黒崎地区) ③—⑪	2008年 (平成20年)	**来街者で賑わうまち** ホール・図書館・親水広場など文化・交流施設の整備により中心市街地の賑わい・交流空間を創出。
山梨県 甲府市 ③—⑫	2008年 (平成20年)	**拠点・歴史文化施設の集積（駅周辺）** ・新県立図書館の整備（施設規模の拡大）：新たに整備するペデストリアンデッキにより駅から容易にアクセス。新たなにぎわいを創出。
長野県 塩尻市 ③—⑬	2008年 (平成20年)	**にぎわいの促進** ・市民交流センターの整備：衣料品店の撤退跡地に図書館や子育て支援センター等を含む市民交流センターの整備を行い、あわせて隣接するウィングロードビルとの連絡通路を整備することにより、相乗効果によるにぎわいの促進を図る（＊このほかに、市民カード整備事業〔市民カード認証基盤整備による行政サービスなどの推進（行政サービスに図書館も含まれている）〕がある）。
鳥取県 米子市 ③—⑭	2008年 (平成20年)	**歴史や文化、自然に触れ合えるまちをつくる** 美術館、図書館を改修するとともに、市役所の地下食堂を拡張し、カフェスペースとして両館と一体的な利用を検討する。→③—㊵
福島県 白河市 ③—⑮	2009年 (平成21年)	**誰もが集い・楽しめる街づくり** ・白河駅前多目的複合施設整備事業：図書館、コンベンションホール、産業支援センター等を備えた複合施設を駅前に整備。→③—㊲
大阪府 高槻市 ③—⑯	2009年 (平成21年)	**回遊性の向上** ・生涯学習地域拠点整備：新設される大学内に、一般開放される図書館、生涯学習センター、交流サロン等を整備。

自治体名	認定年	概要にみる図書館に関する記述
和歌山県 田辺市 ③―⑰	2009年 (平成21年)	**交流の促進と商業機能の再構築による賑わいの創出** ・複合文化施設建設事業：紀南病院跡地に、市民が集い交流できる図書館と歴史民俗資料館併設の複合文化施設を整備。
茨木県 石岡市 ③―⑱	2009年 (平成21年)	**生活環境の向上と歴史的資産を活かした交流人口増** ・複合文化施設の整備：市民会館・図書館等の複合的機能を備えた文化施設を整備。イベント等も併せ集客。
山口県 下関市 ③―⑲	2009年 (平成21年)	**愛着をもって、いきいきと暮らせる街** ・市民サービス施設の整備と利用促進：老朽化した文化会館等を解体し、区域外から移転する中央図書館を含めた市民の生涯学習拠点の整備・運営を行う。また、下関駅近隣に整備された市民活動センター（ふくふくサポート）により引き続き市民活動をサポートする。
兵庫県 明石市 ③―⑳	2010年 (平成22年)	**便利で暮らしやすいまち、一歩足を伸ばして楽しめるまち** 図書館整備（地方都市地リノベーション推進施設）（＊概要では都市福利施設を整備する事業の一覧に記載されているだけだが、基本計画本文を参照して確認した）→③―㊸
青森県 十和田市 ③―㉑	2010年 (平成22年)	**元気なお店や快適な空間づくり、安全安心な生活環境の整備** ・（仮称）教育プラザ整備事業：官庁街通り地区に図書館等の教育機能を持つ施設の整備。
沖縄県 沖縄市 ③―㉒	2010年 (平成22年)	**中心市街地全体としての付加価値向上による生活環境の改善** ・コリンザ再生事業：家電量販店が撤退した商業ビル・コリンザの空きフロアを改装し、図書館を移転・増床。現図書館よりも大規模な既存駐車場の活用により利便性が向上。→③―㊹
北海道 北見市 ③―㉓	2011年 (平成23年)	**都市機能の充実によるにぎわい創出** ・市立中央図書館整備事業：中心市街地外にある老朽化した図書館を駅周辺に新設移転することにより、交通弱者である高齢者等も含め多様な市民に積極利用され、これにより賑わい向上を図る。

自治体名	認定年	概要にみる図書館に関する記述
京都府 福知山市 ③—㉔	2011年 (平成23年)	**人・もの・情報が集まり、誰もが楽しく快適に暮らせるまち** ・(仮称) 市民交流プラザふくちやま建設事業：駅前の土地区画整理地内に市民の新たな交流空間として図書館、ジョブパーク等で構成される公共複合施設を建設する（＊このほかに、インターネット活用情報発信事業〔メールマガジンの発行・電子図書館の設立〕がある〔ただし、これは事業化に至らなかった〕)。
富山県 富山市 ③—㉕	2012年 (平成24年)	**富山らしさの発信と人の交流による賑わいの創出** ・⑩西町南地区第一種市街地再開発事業：旧大和百貨店跡地に、市民が集い憩う「文化・交流拠点」としてガラス美術館、図書館等を整備（＊このほかに、まちなか子育て支援施設整備〔＊こども図書館を含む〕)。
大分県 豊後高田市③—㉖	2012年 (平成24年)	**学びの教育環境整備** 新図書館整備事業（＊このほかに、市民きらきら学び塾事業〔＊建設後の新図書館で、子どもの学習支援、市民講座を開催する。市民が講師や受講者となる講座などの開催〕がある。）→⑤—①
山形県 上山市 ③—㉗	2012年 (平成24年)	**生活者と旅行者が集まる活気あるまち** ・カミン集客力強化事業：既存の商業施設で、物産・産直機能を強化し、地元消費だけでなく観光客にも対応した商業拠点を目指す。また、観光情報やイベント案内といったインフォメーション機能も充実させる（＊図書館・店舗連携事業〔図書館・店舗連携によるサービスの提供〕がここに位置付けられている)。→⑤—㉜
岐阜県 岐阜市 ③—㉘	2012年 (平成24年)	**にぎわいの創出** ・つかさのまち夢プロジェクト（岐阜大学医学部等跡地第1期施設整備事業)：図書館、交流センター、ギャラリー、親樹空間からなる知・絆・文化の拠点「ぎふメディアコスモス」を整備。→③—②

自治体名	認定年	概要にみる図書館に関する記述
高知県 高知市 ③―㉙	2012年 (平成24年)	**街なかの回遊性を向上させる** ⑦新図書館等複合施設の整備 ・新図書館の整備：狭隘化や老朽化等が進んでいる県立図書館と市民図書館に、「巨大書庫」、「広大な開架閲覧室」、「課題解決支援サービスの展開」等を導入し、県市合築の図書館を整備する（＊このほかに、点字図書館の整備、新図書館など複合施設での中心市街地活性化事業がある）。→③―㊼
愛知県 安城市 ③―㉚	2013年 (平成25年)	**都市機能の集積による「にぎわいのある都市拠点」の形成** ・中心市街地拠点整備事業：病院跡地を利用し、中央図書館を郊外から移転し、交流・多目的スペースや行政窓口と、民間商業施設などが一体となった拠点施設を整備することで、都市機能の集約と来街者の増加を図る。
大分県 大分市 ③―㉛	2013年 (平成25年)	**コミュニティ連携による新たな賑わいのスキーム構築** ・ホルトホール大分整備事業：市民、団体、企業、大学等が活用するさまざまな交流の場として、屋上公園、市民ホール・会議室、総合社会福祉保健センター、市民図書館など、中心市街地の複合的文化交流施設を整備する（＊2008年〔平成20年〕の複合文化交流施設整備の後継事業）。→③―⑤
北海道 帯広市 ③―㉜	2013年 (平成25年)	**街なか居住の促進により、居住人口の増を図る** ・図書館・とかちプラザ利活用事業：子供から高齢者までを対象とした様々なイベント等を実施するほか、近隣の文化施設や書店とも連携した講演会や展示会の開催により、幅広い層の市民の居住環境が向上し、居住人口の増加を図る（＊図書館利活用事業〔図書館を利活用し、学習活動を通してまちづくりを促進する事業〕が含まれる）。→③―㊸
山口県 周南市 ③―㉝	2013年 (平成25年)	**みんなが快適に過ごせる、歩きたくなるまち～“ゆとり”と“交流”のあるまちづくり～** ・賑わい交流施設整備事業（新・徳山駅ビル建設）：現・徳山駅ビル跡地に、多目的広場、情報メディアゾーン、商業施設などを備えた複合施設を整備し、賑わいと交流を創出（＊民間活力導入図書館、市民活動支援センター、商業施設、交番などの複合施設の整備）。→③―㊹

自治体名	認定年	概要にみる図書館に関する記述
福島県 須賀川市 ③—㉞	2014年 (平成26年)	**回遊性の向上を図る** ・(仮称)市民交流センター整備事業:被災した公共施設跡地に、図書館、公民館、子育て支援等の機能を備えた拠点施設を建設(*このほかに、市民交流センターを核とした回遊推進事業〔官民連携によるイベントなど、集客効果を高める企画事業の実施〕がある)。
茨城県 土浦市 ③—㉟	2014年 (平成26年)	**人々が訪れたくなるまち** ・土浦駅前北地区市街地再開発事業:図書館を核とした公益施設及び業務・サービス機能を備えた再開発ビルを建設し、併せて前面の土浦駅北通り線の拡幅整備や無電柱化を実施することにより、都市機能の更新を図る。→③—㊾
岩手県 久慈市 ③—㊱	2014年 (平成26年)	**やませ土風館の集客力を高め商店街への波及効果を促進する** ・複合施設整備事業:街の玄関口である駅前に、図書館、市民活動及び観光機能を有する拠点施設を整備(*重点目標「**社会増減人口の減少に歯止めをかけ定住性を向上させる**」にも同文の記載がある)。
福島県 白河市 ③—㊲	2014年 (平成26年)	**市民共楽のふるさとづくり** 主な事業に「りぶらん古本バザール」がある(*このほかに、りぶらん古本バザール事業、りぶらん利用促進講演会、りぶらんおはなし会事業、りぶらん映画上映会事業、がある)。→③—⑮
愛知県 豊橋市 ③—㊳	2014年 (平成26年)	**にぎわいの創出** ・②まちなか図書館(仮称)整備事業:駅前大通二丁目地区市街地再開発事業において、当該地区の拠点性を高める新たな図書館を整備する。
滋賀県 守山市 ③—㊴	2015年 (平成27年)	**こどもから高齢者まで幅広い世代が誇りと愛着を持ち共生できるまち** ・⑤守山市立図書館整備事業:閲覧スペースの増床、市民活動エリアの設置等により、文化・芸術の拠点として機能の向上を図る(*このほかに、図書館サービスの充実検討事業〔図書館施設整備事業に連動してICタグの導入や視聴覚資料(CD、DVD)と図書の充実、駅周辺および地区会館での予約とリクエスト本の受け渡しができる環境整備について検討する〕)。

自治体名	認定年	概要にみる図書館に関する記述
鳥取県 米子市 ③―㊵	2015年 (平成27年)	**ふるさとを活かしたまちづくり** 新生米子市立図書館の運営（＊基本計画には、事業内容として、「図書の貸し出しのみならず、ビジネス支援、多目的スペースを活用した市民の生涯学習の発表の機会の提供などを含めた図書館の運営」とある）。→③―⑭
広島県 三原市 ③―㊶	2015年 (平成27年)	**賑わいの創出** ・①駅前東館跡地活用整備事業：駅前に集客拠点として図書館を含めた公民複合施設や広場、駐車場等を整備し、来街者や滞留時間の増加を図る。
兵庫県 伊丹市 ③―㊷	2016年 (平成28年)	**歩いて楽しい、文化の香り高い郷町（まち）なか** ・①図書館交流事業：前計画で整備した図書館“ことば蔵”は集客力の高い公共施設である一方、滞在が点で留まってしまっており、絵本展、酒器展示等により公的施設に加え民間も含めた様々な周辺施設との連携を図る。 ・④文化施設連携事業。→③―⑧
兵庫県 明石市 ③―㊸	2016年 (平成28年)	**便利で暮らしやすいまち、一歩足を伸ばして楽しめるまち** あかし市民図書館整備事業、本のまち明石関連事業（＊概要では、都市福利施設を整備する事業の一覧に記載されているだけだが、基本計画本文で確認した）。→③―⑳
沖縄県 沖縄市 ③―㊹	2016年 (平成28年)	**中心市街地全体としての付加価値の向上による生活環境の改善** ・⑤図書館建設推進事業：複合商業施設「コリンザ」を改修・用途変更し、市立図書館を移転・整備すると同時に、必要な資料の購入や新たな図書システムを導入する。→③―㉒
山形県 長井市 ③―㊺	2016年 (平成28年)	**まちなかのにぎわい創出** ・②公共複合施設整備事業：子育て世代等の交流施設を整備し、長井駅周辺からにぎわいをまちなかに波及させる。併せて都市福利の環境向上を図る（＊基本計画によれば、子育て支援機能と図書館機能を併せ持つ複合型を想定）。
佐賀県 基山町 ③―㊻	2018年 (平成30年)	**まちなかに人を惹きつける** きやまＲＥＳＡＳデジタルアカデミー支援事業（ビッグデータ RESAS を活用した地域課題の解決方策の提案機会の創出）（＊概要の施設利用者数の対象施設に図書館が位置付けられている）。

自治体名	認定年	概要にみる図書館に関する記述
高知県 高知市 ③—㊼	2018年 (平成30年)	**「多くの人が回遊性するまち」の実現** ・⑦オーテピアにおけるソフト事業：新図書館等複合施設オーテピアの多目的広場を活用したイベント開催や、日曜市・商店街と連携した取組により、賑わいの創出及び回遊性の向上を図る（＊このほかに、事業一覧に、オーテピア高知図書館での情報発信事業がある。また、「中心市街地の活性化のために必要な事項」に、④図書館と商店街の連携した取り組み、がある）。→③—㉙
青森県 黒石市 ③—㊽	2019年 (平成31年)	**街なかのにぎわい創出（観光・市民生活）** ・市立図書館整備事業：住民交流の場としても活用できる市立図書館を新たに建設する。
茨城県 土浦市 ③—㊾	2019年 (平成31年)	**休日のにぎわい創出** ・新図書館利用推進事業、市民ギャラリー利用促進事業：駅前に整備された新図書館とこれに併設する市民ギャラリーについて、人々の交流拠点や芸術文化の発信拠点として、魅力の向上や利活用を推進し、来街者の増加を図る。→③—㉟
新潟県 長岡市 ③—㊿	2019年 (平成31年)	**まちを「歩く人」を増やす** ・①大手通坂之上町地区第一種市街地再開発事業：民間のアイデアと資金力を積極的に活用した商業・業務機能を導入する当該事業と併せ、人づくり・学び・交流機能を導入する「まちなか図書館（仮称）整備事業」や「産学連携情報交流センター（仮称）整備事業」なども主要事業として位置付け、当該地区に多様な賑わいの創の創出を図り、まちなかの回遊性を高める（＊このほかに、基本計画に「互尊文庫移転事業」もある）。
大阪府 茨木市 ③—51	2019年 (令和元年)	**滞在・活動の場の創出** 文化複合施設整備（地域交流センター整備事業、子育て支援機能整備事業、図書館整備事業）：エリアの中央に文化複合施設（新市民会館）を整備し、1,200人収容の大ホールや「いばらき版ネウボラ」一時預かり、子育て相談窓口、母子保健機能、子供向け図書スペース、屋内遊園スペース、子育て支援カフェを設置する。平日の昼間に活動できる子育て世帯が滞在・利用したくなる空間を作る。

自治体名	認定年	概要にみる図書館に関する記述
山口県 宇部市 ③—52	2020年 （令和2年）	**新たな魅力を創出し、人が交流するまち** ・⑦まちなか図書館整備事業：小さい子ども連れでも気軽に訪れ、読書のまちづくりを実践できる「まちなか図書館」の整備（＊このほかに、読書のまちづくり拠点事業〔市立図書館を読書のまちづくりの拠点として整備〕）。
北海道 帯広市 ③—53	2020年 （令和2年）	**快適で住みたくなるまちなかの形成** 図書館利活用事業（図書館を利活用し、多様な世代を対象とした学習活動を行う事業）（＊概要の歩行者通行量計測地点に図書館がある）→③—32
山口県 周南市 ③—54	2020年 （令和2年）	**みんなが行きたくなる、魅力あるモノ・コトが溢れるまち** ・⑧児玉源太郎メモリアル事業：中央図書館にて、児玉源太郎の功績の掲載や、児玉源太郎にまつわる品々を展示するコーナーを整備する（＊このほかに、徳山駅前図書館活用事業、まちえきスタンド〔徳山駅前図書館で、市内のイベントなどの情報を集約したスタンドを設置〕）。→③—33
群馬県 高崎市 ③—55	2020年 （令和2年）	**来訪者で賑わう集客拠点ゾーンの形成** ・②パブリックゾーン整備事業：高崎駅東口栄町地区市街地再開発事業により整備される再開発ビルの市権利床を活用して、子ども図書館やキッズスペース、ギャラリー等の整備を中心とし、隣接する高崎芸術劇場との相乗効果により、集客力の高い施設整備を目指す。→③—④

（出典：内閣府地方創生推進事務局「認定された中心市街地活性化基本計画」首相官邸〔http://www.kantei.go.jp/jp/singi/tiiki/chukatu/nintei.html〕［2020年6月30日アクセス］）

表4　中心市街地活性化基本計画の概要に記載された図書館関連・類似事業一覧

凡例

1、表3に記載した事業のほか、概要に記載してある図書室、図書コーナー、図書貸出サービス、ミニ図書館などを、図書館関連・類似事業として収録した。

自治体名	認定年	概要にみる図書館関連・類似事業に関する記述
千葉県千葉市 ④—①	2007年 (平成19年)	子ども交流館整備事業（千葉中央第六周辺地区高次都市施設地域交流センター、児童センター）（千葉市の子どもの交流と健全育成の拠点施設の整備事業〔音楽スタジオ、図書室、プレイルーム、房・調理室等〕）（＊概要では「人が集まる拠点の形成」のための複合施設のなかに子ども交流館を設置する予定になっている）
大分県別府市 ④—②	2008年 (平成20年)	**まちなかの賑わい創出** ・空き店舗等活用事業：空き店舗等を活用し、保育サービスや高齢者デイサービス、ミニ美術館、ミニ図書館等の福祉施設や文化施設を8カ所に設置。
北海道小樽市 ④—③	2008年 (平成20年)	**まちなかの賑わい促進〜中心商店街の回遊性向上〜** 市民と大学との交流の場として、ホテルのスペースを活用した「小樽商科大学駅前プラザ」を開設し、講演会や留学生との交流会や図書貸出サービスなどを実施。
長野県長野市 ④—④	2012年 (平成24年)	「歩きたくなるまち」 ・権堂地区市民交流施設整備事業：公共広場や住民サービス施設等を有した付加価値の高い市民交流施設を整備し賑わい再生の実現を目指す市民ギャラリー・図書コーナー・カフェ・市民活動支援スペースが一体となった交流空間整備、広場、駐輪場。
長野県飯田市 ④—⑤	2014年 (平成26年)	**地域の魅力再発見による文化的な暮らしの創造** 地域ミュージアムを活かしたまちづくり事業（地域全体をミュージアムと捉え、知的交流拠点となるまちなかの創出、回遊性を向上させるソフト事業を実施）（＊美術博物館などとともに図書館も列記されている）→④—⑦、⑤—⑤
鹿児島県奄美市 ④—⑥	2017年 (平成29年)	**人がふれあう「ゆてぃもーれ」** ・④市民交流センター整備事業：新たな市本庁舎に移転する現水道庁舎跡地に、360席程度のホールや図書室、調理室等を備えた市民交流センターの整備を行う。

自治体名	認定年	概要にみる図書館関連・類似事業に関する記述
長野県飯田市④―⑦	2020年（令和2年）	**丘のまちの新たな価値創造** 丘のまちミュージアム活用事業（地域全体をミュージアムと捉え、知的交流拠点となるまちなかの創出、回遊性を向上させるソフト事業を行う）（＊2014年〔平成26年〕の計画と同様に、美術博物館などとともに図書館も列記されている）→④―⑤、⑤―⑤

（出典：同「認定された中心市街地活性化基本計画」）

表5　中心市街地活性化基本計画の「基本計画」にみる図書館事業および関係・関連・類似事業一覧

凡例
1、概要に記載はないが、基本計画本文にある図書館事業と、図書館に関係する事業、関連・類似事業を対象とした。
2、表3に記載してある事業は除く。

自治体名	認定年	事業名（概要）
大分県豊後高田市⑤―①	2007年（平成19年）	図書館建設事業　現状の老朽化・狭小化した中心市街地区域内の図書館を見直し、区域の中でも特に公共施設が集積し、徒歩や自転車でのアクセス面でも利便性の高い場所に新図書館を建設する。本来の図書館機能の充実に加え、市民講座や読み聞かせなど、世代間交流事業を展開する空間を創出するほか、定住対策としても重要な要素である子育てや教育（学び）の観点も含めた魅力ある都市空間機能を整備する。また、観光情報の発信も図ることで、同区域への新たな来街目的を付与し、高田側商店街→図書館→市民・高齢者向けのまちづくりを進める玉津側商店街（玉津プラチナ通り）への新たな回遊ルートの構築により来街者の増加、滞在時間の増やそれに伴う観光消費額の増につながり、①いとおしく懐かしいおまち―進化―②高齢者が楽しいおまち―創造―を目標とする、中心市街地の活性化に必要な事業である。→③―㉖

自治体名	認定年	事業名（概要）
青森県 青森市 ⑤―②	2007年 （平成19年）	アウガ公的施設活用事業　アウガ内の図書館や男女共同参画支援施設など公的施設が立地するフロアーの有効な活用を検討し、市民満足度の向上を図るとともに、商業施設と一体で集客向上を図る（＊のちに商業施設はすべて撤退した）。
石川県 金沢市 ⑤―③	2007年 （平成19年）	玉川こども図書館　基幹図書館（金沢市立玉川図書館）の隣接地に、玉川こども図書館（仮称）を開設し、教育文化施設など多様な都市機能のまちなかへの集積を進めることにより、まちの魅力を高め、まちなか定住を促進します。また、地域交流機能を兼ね備えた複合施設として整備するとともに、併設する敷地を隣接する玉川公園と連続した広場空間として整備することにより、まちなかの交流人口の増大及び賑わいの創出を図ります（＊あわせて図書館公園の整備もおこなっている）。
長崎県 諫早市 ⑤―④	2008年 （平成20年）	「その他の一体的に推進する事業」に関するものとして、図書館関係では、図書館ビジネス支援コーナー事業（図書館の情報拠点としての機能強化）、図書館ウォークラリー事業（返却場所の増設や移動図書館サービスの拡充による拠点性の拡充：永昌東町商店街と連携）、まちなか拠点サービス事業（図書館と商店街の連携：図書館利用団体協議会も連携）→⑤―⑱
長野県 飯田市 ⑤―⑤	2008年 （平成20年）	コミュニティ形成・公共施設機能強化事業　地域の福祉、文化、コミュニティの再構築に向けた取組み等を行える空間として、図書館で読書を通して個の力を高め、公民館及びりんご庁舎で人々が集い協働で暮らし（広い意味での福祉）の課題を学ぶコミュニティ講座等を実施し、市民の文化的な満足を高めることにより、公共施設の機能的、施設的な強化を図る。→④―⑤、④―⑦
栃木県 大田原市 ⑤―⑥	2008年 （平成20年）	公共公益施設等整備検討事業（＊2013年〔平成25年〕に、この事業で「トコトコ大田原」が建設された。大田原図書館が4階にある）

自治体名	認定年	事業名（概要）
青森県 八戸市 ⑤—⑦	2008年 （平成20年）	市立図書館環境整備事業　現在の市立図書館は築23年を経過し、老朽化が進んでいる。市立図書館をはじめ、中心市街地の公共施設利用は堅調であり、中心市街地のにぎわいを維持していくために、図書館の設備の改修等による利用環境の改善が必要である。当事業は、中心市街地の交流の場となる基礎的な施設の一つとして、ユニバーサルデザイン等への配慮した図書館の利用環境の改善を目指すものであり、「来街者を増やす」目標の達成に寄与するものである。→⑤—⑯㊲
佐賀県 小城市 ⑤—⑧	2009年 （平成21年）	小城屋根のない博物館事業（＊小城屋根がない博物館構想の拠点施設として位置付けられている桜城館は、歴史資料館、中林梧竹記念館、図書館から構成されている）
岩手県 遠野市 ⑤—⑨	2009年 （平成21年）	図書館博物館教室　学校と連携した教育活動、遠野市立図書館博物館では、市内のすべての学校と連携し、図書館博物館や中心市街地にある分館のとおの昔話村、遠野城下町資料館、蔵の道ギャラリーなどで、図書や実物資料を活用した学習活動を展開している。実施は随時受け付けており、学習のねらいと児童数、学習時間にそった完全オーダーメードの学習プログラムを作成して、きめ細かく対応している。そのため年間1,000人近い児童生徒や教員が利用しており、賑わい創出の目標を達成するために必要な事業である（＊別の「遠野まちなか趣味の博物館ネットワーク事業」の説明に、「図書館機能」という言葉がある）。→⑤—㉛
長野県 上田市 ⑤—⑩	2010年 （平成22年）	上田情報ライブラリー運営事業（＊上田駅に隣接する館内で、図書館機能と生涯学習機能を併せ持つ施設として、NPO 法人図書館倶楽部とも協力して各種イベントなどを開催し、市民の利便性を高める事業）→⑤—㉓
兵庫県 川西市 ⑤—⑪	2010年 （平成22年）	市立中央図書館子ども読書サポーター事業　子ども読書活動推進のために、子ども読書応援ボランティアの養成と、資料やサービス内容の充実。→⑤—㉖㊵
福島県 福島市 ⑤—⑫	2010年 （平成22年）	中央学習センター等整備計画策定事業（＊各種公共施設の再配置整備計画の検討：図書館も含まれている）

自治体名	認定年	事業名（概要）
岩手県 石巻市 ⑤―⑬	2010年 （平成22年）	地域交流センター整備事業　図書館、公民館施設等の整備（＊2015年〔平成27年〕認定の計画では、「震災の影響により未実施。復興公営住宅の整備を行う」とある。なお、「石巻市子どもセンター事業」では、関係の文書よるとセンター内に「図書コーナー」が置かれている）。→⑤―㉗㊶
岡山県 玉野市 ⑤―⑭	2012年 （平成24年）	新図書館等整備事業　交流拠点のひとつとして位置づけている商業施設内に図書館及び公民館の複合施設を整備する。この事業によって、商業機能との相乗効果が生まれ、市民の来館機会が増加するとともに新たな客層の獲得や観光客等の訴求が図られるなど、市民と来街者が行き交う交流拠点としての機能強化に繋がることが期待されることから、“まちの魅力が連携し、人が集い行き交うまちづくり”の実現のために必要である。
静岡県 藤枝市 ⑤―⑮	2013年 （平成25年）	エコノミックガーデン事業（＊図書館も含まれる）→③―③、⑤―㉟
青森県 八戸市 ⑤―⑯	2013年 （平成25年）	本のまち八戸交流拠点形成事業　本の販売や閲覧スペースの提供、本を中心としたイベントの開催など、本に関する新たな公共サービスを提供し、本のまち八戸を推進する拠点施設を整備する。→⑤―⑦㊲
広島県 府中市 ⑤―⑰	2013年 （平成25年）	図書館周辺整備事業　図書館周辺に、広場を整備することは、周辺に不足する緑化整備と駐車場を確保することができ、教育環境の改善を行い、図書館の存在感をアピールすることと、利便性の向上によって、図書館利用者の増加が見込める。（略）このことから、市民をはじめ来街者を引き入れる施設として、「賑わいの創出」に寄与する事業として、中心市街地の活性化に必要である。
長崎県 諫早市 ⑤―⑱	2014年 （平成26年）	図書館ビジネス支援コーナー事業、まちなか拠点サービス拡充計画、諫早エコミュージアム構想推進事業→⑤―④
静岡県 掛川市 ⑤―⑲	2015年 （平成27年）	中央図書館利用促進事業　掛川城等施設の指定管理者等と連携することで、施設利用者、来場者の増加に繋げ、目標である賑わいの創出や交流人口の増加に寄与する。

自治体名	認定年	事業名（概要）
大阪府 堺市 ⑤—⑳	2015年 (平成27年)	キッズサポートセンターさかい運営事業　(株) 髙島屋・(株) ボーネルンドとの協働により、キッズサポートセンターさかいを髙島屋堺店9階に開設し運営する。(1) 子どもとその保護者等の集い・憩い・交流の場の提供 (2) 保護者等の子育てに関する相談 (3) 絵本コーナーの提供・読み聞かせイベント等の実施など。
大分県 竹田市 ⑤—㉑	2015年 (平成27年)	新竹田市図書館建設事業　本市における文化・情報、生涯学習の拠点及び城下町再生の中核施設として新図書館を整備する事業である。市民一人ひとりが文化の創造や学ぶ意欲の向上を支援し、幅広く地域活性化に貢献するため、中心市街地の活性化に必要な事業である。
長崎県 長崎市 ⑤—㉒	2015年 (平成27年)	県立図書館郷土資料センター（仮称）整備事業（＊県立図書館は、大村駅前に大村市立図書館と合築されたが、郷土資料センターは長崎市内に作る）→⑤—㊳
長野県 上田市 ⑤—㉓	2015年 (平成27年)	上田情報ライブラリー運営事業（＊内容は、2010年〔平成22年〕の計画と同じ）→⑤—⑩
岐阜県 高山市 ⑤—㉔	2015年 (平成27年)	図書館運営事業（煥章館）図書館機能のほか、生涯学習ホールや郷土の文学者の足跡を紹介する高山市近代文学館を兼ね備えた生涯学習拠点として運営する。
島根県 江津市 ⑤—㉕	2015年 (平成27年)	移動書籍貸出事業〔公共公益複合施設内の〕ブックポストの設置、移動図書館の実施 書籍の電子化事業（＊図書サービスの向上のため、図書の電子化を促進させるとともに、それに触れられる電子媒体を公共公益複合施設内に設置）（＊ともにNPO法人てごねっと石見が実施、「中心市街地に多様な人を来街させ、賑わいの創出を図るために必要な事業」という位置付け）。
兵庫県 川西市 ⑤—㉖	2015年 (平成27年)	図書館運営事業　市民が学び、楽しむための情報を発信するために、各年齢層等（児童・青少年、高齢者、障がい者ほか）に応じた事業を実施する。 子どもの読書活動　子ども読書応援ボランティアの養成と、資料やサービスの内容の充実を図る。→⑤—⑪㊵

自治体名	認定年	事業名（概要）
岩手県 石巻市 ⑤—㉗	2015年 （平成27年）	石巻まちの本棚　コミュニティスペースの運営及びイベントの開催、地域における本を取り巻く文化の向上を目的に、本のあるコミュニティスペースを運営する。一箱古本市や作家によるトークイベントなども開催する。本事業は、中心市街地の社会増減数、歩行者・自転車通行量に効果のある事業である。→⑤—⑬㊶
京都府 福知山 ⑤—㉘	2016年 （平成28年）	市民交流プラザふくちやま活用事業　市民交流プラザふくちやまで市民に活動の場を提供するとともに、社会参加の機会提供、新しい価値との出会いの場の提供を行うものであり、「『人・もの・情報』が集まり、誰もが快適に暮らせるまち」の実現に必要な事業である。
東京都 府中市 ⑤—㉙	2016年 （平成28年）	中央図書館管理運営事業　市民が、文化、教養及びその他社会教育の向上を図るための施設である。当事業は、市民交流の増進に寄与するものであり、中心市街地の活性化に必要な事業である。なお、当施設は、「府中駅周辺公共施設の再編に係る基本方針」に基づき、指定管理者と連携し、更なる運営の改善に取り組む。
宮崎県 小林市 ⑤—㉚	2016年 （平成28年）	まちなか図書館設置事業　江南跡地活用事業で整備する住宅・商業機能を備えた複合施設の２階フロアの一角を活用して、市民が各情報を入手できる機能を備えた学習及び憩いの場となるスペースを提供する。具体的には、子育てに関する各種情報が入手できる書籍（電子書籍を含む）や雑誌、IT 機器等を備え、また、講座や企画展示ができるスペースを設ける。まちなか図書館の設置は、「賑わいの場としての中心市街地」創出への効果が想定できるとともに、子育てに関する学びの場も備えていることから「暮らしの場としての中心市街地」創出への効果を想定している。
岩手県 遠野市 ⑤—㉛	2016年 （平成28年）	図書館博物館教室　遠野市立図書館博物館では、市内のすべての学校と連携し、図書館博物館や中心市街地にある分館のとおの物語の館、遠野城下町資料館、蔵の道ギャラリーなどで、図書や実物資料を活用した学習活動を展開している。学習のねらいと児童数、学習時間にそった完全オーダーメードの学習プログラムを作成して、きめ細かく対応している。そのため年間1,000人近い児童生徒や教員が利用している。→⑤—⑨

自治体名	認定年	事業名（概要）
山形県 上山市 ⑤―㉜	2017年 (平成29年)	図書館・子育て支援施設連携事業　図書館と子育て支援施設と連携し、子育て・教育支援講座や読み聞かせ、おはなし会、団体貸出などの共催事業を実施する（＊カミンと商店街の連携による賑わい創出事業も継続）。→③―㉗
福島県 いわき市 ⑤―㉝	2017年 (平成29年)	回遊性向上に向けた取り組み事業　アリオス、いわき PIT、いわき市総合図書館、いわき市生涯学習プラザ等と平商店街の連携によるイベント情報の共有化、飲食サービスの連携。
福岡県 大牟田市 ⑤―㉞	2017年 (平成29年)	まちづくり基金事業　ともだちや絵本ギャラリー事業（絵本の展示、読み聞かせ会、空き店舗のシャッターへの絵本画等の貼付）
静岡県 藤枝市 ⑤―㉟	2018年 (平成30年)	エコノミックガーデン事業 エコノミックガーデン支援事業　ビジネス支援に必要な図書資料の収集・整理・保存を行うとともに講座や講演会の開催の支援。→③―③、⑤―⑮
岐阜県 中津川市 ⑤―㊱	2018年 (平成30年)	なかつがわ図書館まつり 新町ビル跡地開発事業　市民の交流によるにぎわいの創出の拠点となる複合施設の建設事業（＊「交流センター」に図書館も入る）。
青森県 八戸市 ⑤―㊲	2018年 (平成30年)	市立図書館環境整備事業　市立図書館のエレベーター及び空調機器を更新し快適な環境を整備する（＊快適な利用環境を提供することにより、利用者の増加に寄与することを目的とする）。→⑤―⑦⑯
長崎県 長崎市 ⑤―㊳	2020年 (令和2年)	県立図書館郷土資料センター（仮称）整備事業→⑤―㉒
愛媛県 松山市 ⑤―㊴	2020年 (令和2年)	総合コミュニティセンター建物改修事業　複合施設である松山市総合コミュニティセンターの施設及び設備等の更新、改修整備等（＊中央図書館も含まれる）。
兵庫県 川西市 ⑤―㊵	2020年 (令和2年)	図書館運営事業、子どもの読書活動（＊ともに、2015年〔平成27年〕）⑤―㉖と同文。→⑤―⑪㉖
岩手県 石巻市 ⑤―㊶	2020年 (令和2年)	石巻まちの本棚（＊2015年〔平成27年〕と同文）→⑤―⑬㉗

（出典：同「認定された中心市街地活性化基本計画」）

3　基本計画に記載してある図書館事業

表3から表5までの基本計画に記載してある事業内容をまとめると、以下のようになる。基本計画の数とは異なり、事業数はかなり多くなっている。一つの計画でも、三つ、四つの図書館サービス・事業などを計画しているものもあるからだ。

まず、表3では五十五計画、七十三事業あり、内訳は以下のとおりである。

①図書館建設・整備事業四十四（うち、移転整備は十、既存図書館の改修一、ほかの建物を改修して図書館も整備するもの一）

②図書館の運営・サービスおよびほかの施設などと連携・協力する事業二十九（うち、既存の図書館の利活用に関する事業二、新設・改修図書館の利活用・運営に関する事業二、読書のまちづくり一）

表4では七計画、七事業あり、内訳は以下のとおりである。

①図書館がほかの施設などと連携・協力する事業二

②その他、類似事業五

表5では四十一計画、五十一事業あり、その内訳は以下のとおりである。

①図書館建設・整備事業十五（うち、図書館の改修・整備四）

②図書館の運営・サービスおよびほかの施設などと連携・協力する事業三十一（うち、図書館の利

用促進事業五、図書館運営事業六、読書に関する事業四）
③その他、類似事業五
　以上を集計すると、百三計画、百三十一事業になり、内訳は以下のとおりになる。
①図書館建設・整備事業五十九
②図書館の運営・サービスおよびほかの施設などと連携・協力する事業六十二
③その他、類似事業十

　概要に記載してある事業では、図書館建設・整備に関するものが圧倒的に多い。それらは、ほとんどが複合施設に図書館をつくるものである。他方、概要に記載がない事業では、図書館建設・整備に関するものは少なく、サービス・事業に関するものが圧倒的に多い。特に、既存の図書館のサービス・事業が基本計画に位置付けられているものをみると、サービス・事業に積極的に取り組むことで、まちづくり、地域の活性化に貢献しようとするものである。実際、それらの図書館は計画策定以前から、地域のなかで積極的なサービス・活動を展開していて、私も一度は訪問して図書館員の話を聞いたりしているところばかりだ。そうした図書館では図書館員の意識が高い。図書館の日常のサービスでも、さまざまな工夫がおこなわれている。

　新設の図書館の利活用、運営、サービスに関する事業は、表３にみるように少ないうえに、藤枝市立図書館のエコノミックガーデン事業支援サービスや、兵庫県の伊丹市立図書館の図書館交流事業、大分県の豊後高田市立図書館の市民きらきら学び塾など、注目するようなサービスなどは限られている。

これらの原因として、以下のものが考えられる。

①図書館の機能、役割に関する理解が限られているため、まちづくりに密接に関係があるような本を仲立ちとした図書館での住民の交流や活動、地域の課題解決支援サービスへの取り組みなどが、事業の基本計画策定の事務局の視野に入らなかった。また、行政の図書館運営を担当する部課および図書館側でも、それらについて積極的に提案することがなかった。本を仲立ちとした図書館での住民の交流や活動は、図書館の基本的な機能、役割に含まれないというのが一般的な理解になっている地域が多く、図書館側も、計画に組み込むほどのことではないという理解で、軽くみるところがあった。実際に、基本計画の記述のなかで図書館で住民が集い、活動するのは、図書館の基本機能ではないものがいくつもみられた。

②図書館側に中心市街地活性化事業が推進するまちづくりについての十分な理解がなく、新しい図書館の構想や計画策定作業のなかで、まちづくりとの関係が明確に意識されることがないまま基本計画がまとめられた。これは、新図書館の構想や事業計画などの文書を検討するとよくわかる。

③図書館の建設途中に中心市街地活性化事業が浮上してきたので、急遽計画に組み込むことになり、図書館と事業推進を担当する事務局の連絡が十分でなく、中心市街地活性化基本計画に図書館の事業・サービスが記載されなかった。

4　二期、三期にわたって事業に取り組む自治体

基本計画が二期、三期にわたるものをみていこう。二期にわたるものは、本章第2節「図書館の建設などを事業として予定している基本計画」で触れたように高崎市、沖縄市、大分市、岐阜市、帯広市、諫早市など二十あった。

このうち、図書館建設を継続して計画している自治体が五つある（高崎市、沖縄市、大分市、岐阜市、長崎市）が、これには建設が遅れたり、検討に時間を要したために継続になったものと、二つの図書館を別の場所に建設したために（高崎市）継続になったものも含まれる。図書館の運営やサービスなど、建設以外（以後、ソフトと呼ぶことにする）の事業を二期継続している基本計画は、諫早市、長野県上田市、帯広市、山形県上山市、石巻市である。

帯広市は、「街なか居住の促進により、居住人口の増を図る」（二〇一三年〔平成二十五年〕認定）、「快適で住みたくなるまちなかの形成」（二〇二〇年〔令和二年〕認定）というそれぞれの位置付けのもとで図書館の利活用の促進を図る、というもので、図書館にふさわしい事業といえるだろう。

諫早市は、商店街や地域の住民団体、公共施設などと連携して利用の促進を図る、また、ビジネス支援サービスを充実させようという内容である。帯広市、諫早市ともに、日頃から積極的に地域を視野に入れたサービス・事業を展開している図書館で、職員の意識も高い。

上田市も特筆すべき事業・サービスを展開している。計画では、ＪＲ・上田電鉄上田駅前に地区図書館（上田情報ライブラリー）を建設し、その運営を住民団体である上田図書館倶楽部などと連携・協力して進めるというものである。地区図書館ではデジタルライブラリアン講習会を開催するなど、新しい時代を見据えた図書館活動を志向している。上田市立図書館は、読書活動でも積極的な活動を展開したことで知られている。同図書館の積極的な読書活動は、今後日本の図書館活動を再検討するなかで評価されるものと思われるが、進取の気風に富む長野県を象徴する図書館ともいえる。

新しく建設した図書館の利用促進や、サービス・事業を継続して進めようと計画している自治体は、山口県周南市、茨城県土浦市、高知県高知市、兵庫県明石市、伊丹市、鳥取県米子市、白河市、豊後高田市である。

三期にわたるのは藤枝市、飯田市、川西市、八戸市、石巻市である。

藤枝市は、図書館を新設（二〇〇八年〔平成二十年〕認定）したあと、その図書館も含む「エコノミックガーデン事業」を二期継続しておこなう（二〇一三年〔平成二十五年〕、一八年〔平成三十年〕認定）というものである。

飯田市は、「コミュニティ形成・公共施設機能強化事業」（二〇〇八年〔平成二十年〕認定）と「地域ミュージアムを活かしたまちづくり事業」（二〇一四年〔平成二十六年〕認定）、「丘のまちミュージアム活用事業」（二〇二〇年〔令和二年〕認定）である。「地域ミュージアムを活かしたまちづくり事業」「丘のまちミュージアム活用事業」は、地域全体をミュージアムととらえ、美術博物館、図書館、歴史的な建造物、遺跡、自然などを整備し、それらを知的な交流拠点と位置付け、まちの魅力と回遊性を高め、にぎわいを増すと同時に知的な活動も活性化させようというものだ。こうした博物館構想に図書館が関連する基本計画は、前出の諫早市、佐賀県小城市（「小城屋根のない博物館事業」二〇〇九年〔平成二十一年〕認定）、飯田市（〔前掲〕二〇一四年〔平成二十六年〕、二〇年〔令和二年〕認定）で、事業として計画されている。

川西市は、「市立中央図書館子ども読書サポーター事業」（二〇一〇年〔平成二十二年〕認定）と「図書館運営事業」「子どもの読書活動」（ともに二〇一五年〔平成二十七年〕、二〇年〔令和二年〕認定）を基本計画に掲載している。

八戸市は、「市立図書館環境整備事業」（二〇〇八年〔平成二十年〕、一八年〔平成三十年〕認定）、「本のまち八戸交流拠点形成事業」（二〇一三年〔平成二十五年〕認定）である。このうち、市立図書館環境整備事業は、図書館の改修などをして快適な環境にすることで、利用者増を図ろうというものである。

石巻市は、図書館を含む地域交流センターを計画（二〇一〇年〔平成二十二年〕認定）したが、これは、東日本大震災の影響で実施が見送られた。二〇一五年（平成二十七年）と二〇年（令和二年）の認定計画では、「石巻まちの本棚」事業を計画している。

5　まちづくりでの図書館の位置付け

次に、図書館に関する事業の位置付け、つまり、まちづくりのなかで図書館が占める位置について、中心市街地活性化基本計画の概要から抽出した表3で具体的にみてみよう。

表3の計画のなかの図書館に関する主な事業の位置付けを概要の記述に基づいて大まかに整理してみると、表6のようになる。これは、概要に記された、それぞれの計画でのまちづくりの主要方針、重要項目、基本的な目標など（表3ではそれらを太字で示した）を、例えば「にぎわいのある都市拠点の形成」（愛知県安城市）、「来街者で賑わうまち」（北九州市黒崎地区）などは「にぎわい」に、「交流人口増」（茨城県石岡市）、「人が交流するまち」（山口県宇部市）などは「交流を増やす」というように集約してまとめたものである。

表3では、五十五計画をリストアップしているが、一つの計画でも二項目に位置付けられている計画が十一あるので、表6では、延べ六十六計画になっている。なお、これは、概要に記載してある項目でとりまとめたものだが、基本計画を細かくみていくと、大きな目標の下に複数の個別目標があり、事業によっては一つだけではなく、複数の個別目標それぞれに位置付けられているものもある。そのレベルで集約すると、表6とは少し数値が違うものになるが、大枠では変わらないだろう。

大きな目標ではまちの住みやすさに関するものでも、その下に設定している個別の項目では「賑わいの創出」に相当するものもある。例えば、北海道滝川市の図書館移転事業（二〇一三年〔平成二十五年〕認定、③―⑥）では、大きな目標は「安心と憩いの提供」だが、その下に個別目標を二つ設定していて、一つは「回遊・滞留ルートを形成し、街なかに賑わいを創出」になっている。にぎわいが、まちなかの住みやすさの一構成要素にもなることを示している。

にぎわい、交流、回遊性、集うなど、人の動きに関わる方針、項目のもとに図書館が位置付けられているものが圧倒的に多く、四十一計画を数える。住みやすさ、居住環境の向上に関わるものは十七計画で、学ぶことに関わるものは二計画にとどまっている。

以上をみると、まちをにぎやかにする、住民の活動を活発にするところで、図書館が役割を果たすことを期待されているといえるだろう。

また、図書館の建設に関する新設あるいは移転改築に限定してみると、交流、回遊性、集うなど人の動きに関わるものは三十六計画、住みやすさ、居住環境の向上に関わるものは十三計画で、学ぶことに関わるものは二計画とほぼ傾向は変わらない。

まちづくり三法の目標は「様々な都市機能がコンパクトに集約した歩いて暮らせるまちづくり」にある。その目標を達成するためには、都市機能がコンパクトにまとまったまちづくり、商店街などまちなかの経済の活性化とともに、住みやすいまちづくりを推進しなくてはならない。

図書館の機能は、住みやすいまちづくりに関わるものが多いが、残念ながら数は少ない。ただし、滝川市の図書館の位置付けでも触れたように、本を仲立ちとして人が集まり活動すること、つまり、

表6　中心市街地活性化基本計画にみる図書館の位置付け

位置付けと計画数	キーワードと市・町名
①にぎわい 17計画	賑わい拠点創出（熊本市）、にぎわいの創出（西条市、田辺市、北見市、富山市、岐阜市、豊橋市、黒石市、三原市、長井市）、にぎわいの促進（塩尻市）、にぎわいのある都市拠点の形成（安城市）、新たな賑わい（大分市）、来街者で賑わうまち（北九州市黒崎地区）、来訪者で賑わう集客拠点（高崎市）、商店街活性化推進（岐阜市）、休日のにぎわい創出（土浦市）
②交流を増やす 3計画	交流人口増（石岡市）、まちを「歩く人」を増やす（長岡市）、人が交流するまち（宇部市）
③回遊性の向上 5計画	回遊性の向上（高槻市、柏市、高知市〔2期とも〕、須賀川市）
④集う、活動、交流 5計画	集い学べる郷町（まち）なか（伊丹市）、滞在・活動の場の創出（茨木市）、誰もが集い・楽しめる街づくり（白河市）、市民共楽のふるさとづくり（白河市）、歩いて楽しい、文化の香り高い郷町（まち）なか（伊丹市）
⑤訪れる、行きたくなる 11計画	まちなかの魅力の向上（柏市）、一歩足を伸ばして楽しめるまち（明石市〔2期とも〕）、元気なお店や快適な空間づくり（十和田市）、中心市街地全体としての付加価値（沖縄市〔2期とも〕）、生活者と旅行者が集まる活気あるまち（上山市）、人々が訪れたくなるまち（土浦市）、みんなが行きたくなる、魅力あるモノ・コトが溢れるまち（周南市）、まちなかに人を惹きつける（基山町）、みんなが快適に過ごせる歩きたくなるまち（周南市）
⑥住みやすい等 17計画	住みやすいまちなか居住推進（岐阜市）、安心と憩いの提供（滝川市）、暮らしやすく住みやすいまちづくり（四万十市）、愛着をもって、いきいきと暮らせる街（下関市）、快適な空間づくり、安全安心な生活環境の整備（十和田市）、生活環境の改善（沖縄市〔2期とも〕）、ふるさとを活かしたまちづくり（米子市）、快適で住みたくなるまちなかの形成（帯広市）、人・もの・情報が集まり、誰もが楽しく快適に暮らせるまち（福知山市）、居住人口の増（帯広市）、こどもから高齢者まで幅広い世代が誇りと愛着を持ち共生できるまち（守山市）、歩いて楽しい、文化の香り高い郷町（まち）なか（伊丹市）、便利で暮らしやすいまち（明石市〔2期とも〕）、歴史や文化、自然に触れ合えるまちをつくる（米子市）、定住性を向上させる（久慈市）

位置付けと計画数	キーワードと市・町名
⑦拠点づくり　3計画	駅周辺の拠点づくり（藤枝市）、拠点・歴史文化施設の集積（駅周辺）（甲府市）、にぎわいのある都市拠点の形成（安城市）
⑧学ぶ　2計画	集い学べる郷町（まち）なか（伊丹市）、学びの教育環境整備（豊後高田市）
⑨その他 3計画	高崎文化を創造・発信（高崎市）、ライフスタイルを提案する（大分市）、やませ土風館の集客力を高め商店街への波及効果を促進する（久慈市）
66計画	

（表３の項目「概要にみる図書館に関する記述」に基づき作成）

まちににぎわいをもたらすことは、住みよいまちづくりと対立することではなくて、にぎわいも住みよい町の一構成要素ととらえるべきものだ。そうだとすると、図書館に期待されている「賑わいの創出」もまた、住みよいまちと相互に補い合う関係にあり、本を仲立ちとする本を活用したさまざまなサービス・事業を図書館が提供することが、二重三重にまちづくりに貢献するとも考えられる。「賑わいの創出」をはじめとするまちのにぎわい、人の動きの観点から図書館の機能の活用にアプローチすることで、図書館の価値と評価を高めることができる。

注

(1) 白河市、黒崎地区ともに、計画が策定される前には、まちを通行する人の数は大幅に減少している。基本計画によれば、それは、白河市では、平日一日あたりの歩行者通行量が、一九九八年（平成十年）の五千五百八十七人から二〇〇七年（平成十九年）には二千百七十五人と六一・一パーセント減少している。また、黒崎地区では、土曜、日曜、平日（一日）の三日間の平均の合計値が一九九九年（平成十一年）の三万四千二百四十八人から二〇〇七年（平成十九年）には二万百六十四人と四一パーセント減少している（「賑わい・交流シンボル軸及び中心商店街ゾーン内」の十調査地点の通行量）。

第3章　基本計画に見る図書館のサービス・事業

次に、基本計画に記述してある図書館のサービス・事業をみていきたい。ここでは、既存の図書館と建設が予定されている図書館とに分けてみていくことにする。

1　既存の図書館が計画するサービス・事業

基本計画のなかに、既存の図書館が提供するサービス・事業を掲載するものは多くない。既存の図書館のサービス・事業を基本計画に掲載するためには、次のような条件が必要かと思われる。

①日頃から図書館活動を積極的に地域に展開していて、図書館員がまちづくりに関心をもっている。

②地域と地域住民と積極的な関係をもっていて、図書館活動が地域でも評価されている。

これらの条件があって、基本計画を策定する過程で図書館がサービス・事業を提案し、採用されたものだろう。資料提供サービス以外にほとんど何もしていないような図書館の提案が、唐突に採用されるわけがない。

諫早市立図書館――ビジネス支援など

諫早市立図書館では、地域で一体的に推進する事業として、「図書館ビジネス支援コーナー事業」「まちなか拠点サービス拡充計画」と「図書館ウォークラリー事業」をあげることができる（二〇〇八年〔平成二十年〕認定基本計画）。「図書館ビジネス支援コーナー事業」は図書館の情報拠点としての機能強化、「まちなか拠点サービス拡充計画」と「図書館ウォークラリー事業」は、商店街や図書館利用者団体と協力・連携して、サービスの拡充を通して商店街来街者に図書館のサービス・事業を利用し参加してもらおうというものだ。これら二事業は、「ひとが集うまち」「安心して生活できるまち」実現のための事業として位置付けられている（先に述べたように図書館にとっては、「ひとが集うまち」「安心して生活できるまち」は、補い合う関係にある。諫早市の基本計画は、図書館の機能をよく理解したうえで計画されていると評価することができる）。

また、二〇一四年（平成二十六年）認定の基本計画では、図書館を美術・歴史館とともに「諫早エコミュージアム構想推進事業」の拠点施設として推進することが計画されている。これは諫早市にあるさまざまな歴史的・文化的な遺産や豊かな自然と、図書館などの公共施設の資料などを全体として一つの「エコミュージアム」ととらえて推進しようとするものであり、「ひとが集うまち」

を実現するための事業として位置付けられている。

エコミュージアムに関連するものとして、「屋根のない博物館構想」がある。これは、伊那市立図書館の館長だった平賀研也が提唱したものである。地域の建物、老舗、神社、遺跡、施設、自然などを博物館に見立て、ＩＣＴ（情報通信技術）を活用し、住民と図書館が協同して情報をコンピューターに入力してネット上に市の百科事典を作成する。同時にそれらの情報を、町歩きや小・中・高生の学習、観光事業に役立てることも関連しておこなうものである。伊那市立図書館の活動は、二〇一三年のライブラリー・オブ・ザ・イヤー大賞を受賞したことで注目された。

なお、伊那市には戦前に市内の事業家が寄贈した鉄筋コンクリート造りの図書館があり、現在は市の博物館の一部として閲覧、見学できるようになっている。旧図書館が所蔵していた戦前・戦中・戦後の資料や、閉館まで使われていた本棚、閲覧スペースなどもそのまま保存されている。こうしたものも組み込んだのが、伊那市の「屋根のない博物館」構想である。これは日本の図書館の業績としても貴重な遺産なので、永久に保存する必要があるだろう。

帯広市立図書館――まちなか居住の推進

帯広市立図書館は、まちなか居住の推進事業の一つとして、「図書館・とかちプラザ利活用事業」（二〇一三年〔平成二十五年〕認定）、「図書館利活用事業」（二〇二〇年〔令和二年〕認定）を計画している。これは、中心市街地での居住者を増やし、人口増を進めるために、図書館のサービス・事業を魅力あるものにして、それをまちに住む意欲を高める魅力の一つとして位置付けようとするものである。図書館は、乳幼児から高齢者までの幅広い世代に、読書、学習、調査、資料の閲覧・貸出などで活用されている。従来から帯広市立図書館では、それらの幅広い世代を対象とした各種サービス・事業を提供し、さらに地域のさまざまな団体と協力してイベントなどをおこない、また近隣の文化施設と連携したサービス・事業などをおこなってきた。これらをさらに充実させ、中心市街地での生涯学習機能の強化、まちなかの居住環境の向上、知的な活動、またにぎわい創出に資するものにしようという試みでもある。

諫早市立図書館同様、帯広市立図書館も日頃から地域との関連をもちながら活動してきた図書館であり、さらにそれらを担ってきた図書館員の意識も高い。これらが市民からの高い評価を得て、また、基本計画担当部局からも評価された理由とみていいだろう。

上田市立図書館——図書館倶楽部との連携など

諫早市立図書館や帯広市立図書館と同様、図書館員の積極的な取り組みに加えて、住民の積極的な図書館との関係で生まれた活動に、上田市の試みがある。

上田市では、「市立上田情報ライブラリー運営事業」を基本計画（二〇一〇年〔平成二十二年〕、一五年〔平成二十七年〕認定）に位置付けている。上田情報ライブラリーは、上田駅前に二〇〇四年に開館したICTに特化した図書館である。同館は「暮らしとビジネス支援」をテーマに、「千曲川地域文化を創造・発信」をコンセプトにしている。また、地域住民が組織したNPO法人図書館倶楽部が活動している図書館でもある。基本計画では「運営事業」という名称になっているが、その内容は、図書館と住民が協力して図書館のサービス・事業を積極的に展開しようというものである。これは図書館にとっては従来、図書館として十分取り組むことができなかった領域の活動を、住民の力を借りて展開しようとするものである。一方、住民にとっては、図書館に関心がある人が集まり、図書館運営のための倶楽部を組織して住民がもつさまざまな技術や知恵を集め、その活動を通して自己実現を図ると同時に、それらを図書館のサービス・事業にも生かしていこうとするものである。ＩＣＴをフル活用して図書館倶楽部と協力して各種イベントなどを開催し、市民の利便性を高めるとともに地域活力の向上を図る事業としても位置付けられている。図書館倶楽部にはさまざまな人が集まり、ＩＣＴに精通する人は、図書館の閲覧者や学習者の手助けをしたり、検索の援助をしたり、また、県内の図書館員の研修講師としても活躍している。この事業では、地域住民が組織した図書館倶楽部との協力がポイントである。事業やイベントによっては、図書館倶楽部が中心になっておこなっている点が注目される。こうした活動を通して、図書館、住民、倶楽部員が互いに高め合っている関係がみられる。ほかの地域の図書館にも大いに参考になる活動だといえるだろう(1)。

基山町立図書館――きやまRESASデジタルアカデミー

佐賀県基山町の「きやまＲＥＳＡＳデジタルアカデミー事業」は図書館の事業である（二〇一八年〔平成三十年〕認定基本計画）。これは、二〇一五年度に内閣府が公開した「ＲＥＳＡＳ（地域経済分析システム）」に収録されたビッグデータを活用し、図書館の資料もあわせて情報の収集をおこない、それらから地域課題を分析し、解決のための方策を町民が提案するというものである。デジタルアカデミーに参加した町民は、ＩＣＴの技術を学び、演習としてＲＥＳＡＳデータを検索し、必要なデータを収集して、図書館の資料も参照しながら分析する。ＩＣＴのスキルアップも同時に図るものである。

「基山町まち・ひと・しごと創生総合戦略」の政策（「基山町地方創生事業」〔二〇一八年〔平成三十年〕）の一つに「まなびの場を活かしたまちづくり」が掲げられた。ここで図書館が担うのは、アカデミックサロン構築の一環をなす事業である。すなわち、図書館は多様な資料を地域住民に提供し、さまざまなテーマの講演会や交流会などを開催し、地域の多世代の住民を交えた学びの機会を創出する。住民は、図書館が提供する各種サービスや事業から、これからの社会に必要な情報やスキルを学び、町民同士が向上しあう。アカデミックサロンでは、「図書館アカデミックサロンプログラミング教室事業」（小学五年生以上を対象に図書館の本を読み説きながら、簡単なプログラミングを作成する事業）などをおこなっている。

基本計画に提示されている「きやまＲＥＳＡＳデジタルアカデミー事業」は、計画の個別目標の「まちなかに人を惹きつける」に位置付けられている。それは、多様な学びの機会を創出し、地域住民のスキルの向上を進めることである。これによって、町民の中心市街地の利用機会を増加させ、地域の課題解決を進めるもので、地域の魅力向上につなげるというものでもある。

具体的な事業内容は、図書館でＩＣＴ技術を学ぶための機器の購入には町費だけでなく、地元企業からも地方創生関係の税金優遇措置を活用して寄付金を募って費用を賄い、整備を進めた。十分に機器がそろった環境を整え、希望者の町民が図書館でICT技術を学びながらグループで課題に取り組んでいった。課題に取り組む過程で、関連したブックトークなども交えたのは図書館ならではの方法だろう。グループごとに課題を検討してレポートにまとめ、町長と町民の前で発表会をおこなった。レポートは町役場にも提出されて、町政の参考にできるようになっている。提出されたレポートには、「基山の交通整備と工場PRで町おこし」「人生百年時代 創年者による地域活性化事業」「不動産視点から見た基山町」などがある。

寄付には、町内の三つの会社が応じている。これを活用してICT機器の充実を図った。また、ICT機器を使って、町民のITC技術の向上に関する事業などをおこなっている。この事業は二〇一九年「第五回図書館レファレンス大賞」（第二十一回図書館総合展）の奨励賞を受賞している。こうした活動は、まさに図書館ならではのもので、全国の図書館でも同様の取り組みが進められてもいいのではないだろうか。

基山町の図書館の取り組みも、職員の意識の高さによるものだろう。基山町立図書館は規模が小さく、職員の数も少ない。だが、職員が幅広くよく勉強していて知識や情報を習得している。それに基づいてさまざまなアイデアを生み、実現する実行力をもっているところがすばらしい(2)。

上山市立図書館――図書館・店舗連携

上山市は、市立図書館と周辺の店舗が協力・連携する事業を「図書館・店舗連携事業」として計画している（二〇一二年〔平成二十四年〕、一七年〔平成二十九年〕認定）。これは、複合施設カミンの中と外の店舗が協力・連携しておこなうもので、図書館の利用者が各商店を利用すると割引を受けられるという事業だ。カミンは、一九九六年に生まれた五階建ての官民複合型施設である。一、二階が商業施設、三、四階が駐車場、五階が市立図書館だが、利用者が多い図書館を核にして商店の利用者増加を図ろうとしたところ、テナントのうち集客の要だった生鮮館ウエルが撤退したため、事業はあまり成果を上げることができなかった。

このため二〇一七年認定の計画では、カミン内の子育て支援施設や高齢者サロンとの連携を強めて、事業を継続して取り組んでいる。子育て支援施設と図書館との連携は、一七年の基本計画では、「図書館・子育て支援施設連携事業」として計画された。これは、子育て・教育支援の講座の開催や読み聞かせ、おはなし会などを各施設が協力しておこなうとともに、図書館から各施設に本の団体貸出をするというものだった。また、図書館や連携施設に地域内の各種情報を提供するシステムを整備して、観光客もイベントや商店に誘導する計画もあった（こうした図書館の利用と地域経済活性化と結び付けようとする試みは、各地の図書館でも取り組んでいる。例えば、前述の岡山県奈義町〔第1章第2節「文化のまちづくりで成果を上げている町」〕、長野県伊那市〔本章第1節の項「諫早市立図書館——ビジネス支援など」〕などである）。

青森市民図書館——公的施設活用

計画策定サイドから求められて、既存の図書館のサービス・事業を基本計画に掲載する例もないことはない。例えば、青森市（二〇〇七年〔平成十九年〕認定）の「アウガ公的施設活用事業」などはその例だろう。これは、再開発ビル・アウガ内の図書館や男女共同参画支援施設など、公的施設が入っているフロアの有効活用をおこない、施設利用の市民満足度の向上を図るとともに、商業施設と一体で集客増をねらおうというものだった。発足当初は順調だった再開発ビルが、中核になる商業施設が撤退してしまい、運用に暗雲がたれこめるという状況が生まれた。そこで、新しい店舗などの誘致を図るために、公共施設のより一層活発な活動を求めて、もっぱら期待されたのが図書館だった。青森市民図書館は、日本の図書館でも数少ないヤングアダルト室をもち、小学生・中学生・高校生別にキーワードと組み合わせた検索ができるOPACがあり、読書や学習面でも優れた活動を展開している図書館だ。私は、ここも実際に見学したが、本を仲立ちとして住民が集まり、活用し、活動する、また、地域の活動に結び付けるという面では、もっと活発な取り組みが必要だと感じた（これは、日本の図書館に共通する課題ともいえるものだが……）。

川西市立図書館――図書館運営と子どもの読書

川西市は、二〇一〇年（平成二十二年）認定の計画で、「市立中央図書館子ども読書サポーター事業」を掲載している。事業計画から引用すると「中央図書館の所蔵図書や資料を活用して、読み聞かせやストーリーテリングなどを通して子育てを支援し、子ども読書応援ボランティアの養成をおこなうなど、生活者にとって便利なまちをめざすことにより、魅力的な中心市街地の創造に寄与する」というものである。これは、「子どもの読書活動推進」のために子ども読書応援ボランティアの養成と、資料やサービス内容の充実を図るもので、市は「子育て支援の推進事業」であり、都市福祉と社会教育活動の向上のためとも位置付けている。計画の全体としての位置付けは、中心市街地の「魅力的で活気のある『かわにしのせぐち』の創造」と「楽しみながら回遊したくなる『かわにしのせぐち』の創造」の目標達成に必要な事業」とされている。

第二期（二〇一五年〔平成二十七年〕認定）では、「図書館運営事業」「子どもの読書活動推進事業」が計画され、第三期（二〇二〇年〔令和二年〕認定）にも継続されている。

「図書館運営事業」は、「市民が学び、楽しむための情報を発信するために、各年齢層に応じた事業を実施し、図書館への来館を促進することで、にぎわいを創出する」というものである。また、「子どもの読書活動推進事業」は、「子どもの読書活動を推進するために、子ども読書応援ボランティアの養成と、資料やサービスの内容の充実を図り、図書館への来館者を増加させることで、にぎわいを創出する」というものである。「図書館運営事業」と「子どもの読書活動推進事業」は、ともに「中心市街地への来街者を増やすことで、「多彩な活動や交流が広がる中心市街地の創造」を目標とする中心市街地の活性化に寄与する」事業と位置付けられている。

子どもの読書推進に関しては、中心市街地活性化事業の計画エリア内にある多くの図書館でも取り組んでいるものだが、川西市のようにまちづくりの観点から評価して事業として積極的に計画に掲載しているものは少ない。大阪府高槻市も、大学内の子ども図書館を子どもの読書推進に位置付けている。宇部市は、二〇二〇年（令和二年）の計画でまちなか図書館の整備を計画しているが、それとは別に市立図書館を読書のまちづくり拠点事業として位置付けて計画している。

読書に関連する事業は、本のまちづくりを推進している明石市、八戸市などがある。図書館も、もっと積極的な読書活動の位置付けが望まれる。

2　新設図書館が計画するサービス・事業

次に、基本計画に見る新設の図書館に関わるサービス・事業などを見ていこう。ここで取り上げるのは二期、三期にわたって継続して事業を計画・実施している自治体の図書館に関するものが中心になる。一期で終わった計画・事業の場合は、新たにつくられた図書館についてはごく一部を除いて、新設（改築・移転なども含む）図書館のサービス・事業についての記述はない。

伊丹市立図書館――交流センター

伊丹市立図書館は、図書館の建物のなかに交流センターを設置している。ここは図書館活動と密接に関連をもった住民活動の場になっている。毎月、住民が集まって話し合い、活用する団体を選んでいる。これには、市内で活動する本や読書などに関連した団体も参加している。図書館も当然、主催事業として活用していて、これらの活動から、地域との連携も図られている。

基本計画（二〇一六年〔平成二十八年〕認定）では、図書館交流事業として、次のようなサービス・事業などを計画している。

「まちゼミ」をはじめ、フォーラム、講座（大人向けの学習塾、英語学校など）、ビブリオバトル（人に読ませたい本のプレゼン大会）、帯ワングランプリ（自分だけのオリジナル帯を作成し、競う大会）など、さらに中心市街地の活性化に寄与する事業や他の施設と連携して回遊性を図る事業なども市民とともに実施する。交流事業においては、地下多目的室（ホール）において来場者百人規模の催しを月二回開催し、一階の交流スペースでは来場者五十人規模の催しを週一回実施する。また、一階ギャラリースペースにおいて、来場者一日二十人規模の展示を年間四十週実施する。

ことば蔵近辺で開催される大規模イベントとの連携では、宮前まつり二万八千人、花火大会七万五千人、クリスマスまち灯り二万四千四百人、伊丹まちなかバル二万二千七百人のうち、イベントの相互ＰＲなどにより、二〇％の方を図書館へ誘導する。

具体的に新たに展開する事業として、各イベントの開催前にちなんだ催しをことば蔵で実施し、イベント自体のＰＲ、集客を図る。そして、開催日には一階交流スペース等でイベントにまつわる展示やスタンプラリーを実施して、回遊を図る。

（出典：「伊丹市中心市街地活性化基本計画」〔二〇一六年（平成二十八年）認定〕八〇ページ（http://www.city.itami.lg.jp/ikkrwebBrowse/material/files/group/51/3syou.pdf）〔二〇二一年三月三日アクセス〕）

「ことば蔵」とは、伊丹市立図書館の愛称である。「ことば蔵」は、「ことば文化都市伊丹」の拠点施設の一つに位置付けられている（図書館は二〇〇八年〔平成二十年〕認定の計画の主要事業の一つとして一二年〔平成二十四年〕に建設された）。基本計画（二〇一六年〔平成二十八年〕認定）によると、図書館の利用者は、二〇一四年度（平成二十六年度）で約三十九万四千人、図書館内の交流センターは、そのうち約六千二百人だった。先の計画内容は、これらの増加もねらっている。

すでに図書館では、開館から交流センターを中心にした市民や図書館員による図書館交流事業を実施していて、これは、前計画（二〇〇八年〔平成二十年〕認定）にも組み込まれていた。二〇一六年（平成二十八年）認定の計画は、これをさらに充実させようとするものである。交流センターを活用して、「英語で子育て交流会」や「子ども作文教室」など子育て世代を対象にした事業も計画されている。この事業は、乳幼児から高齢者まで広い世代にわたる図書館の利用者を視野に入れたものでもある。

さらに、図書館は、「ことば文化まちなか拠点リレー事業」や「文化施設連携事業」の拠点にもなっている。

「ことば文化まちなか拠点リレー事業」は、「ことば文化都市伊丹の拠点として、中心市街地にある柿衞文庫、コミュニティーＦＭ、新図書館などを拠点とした「ことば文化まちなか拠点リレー事業」を展開することにより都市ブランド構築、都市イメージ向上を図る」もので、「文化施設連携事業」は、「伊丹市の中心市街地にある個性的で特色ある文化施設において、統一パンフレットの作成など連携した情報発信や社会教育施設（図書館等）や中心市街地商店街等とのタイアップやスタンプラリーの実施など、有機的な連携を図る」というものである。

伊丹市では、図書館の建物内部に地域の「交流センター」を組み込んで、図書館が運営をする形態をとっている。地域交流センターに類するものは、ほかの都市でも多く見られる。

白河市立図書館——古本バザールなど

白河市では、駅前複合施設内の市立図書館での開館後のサービス・事業として、「りぶらん古本バザール事業」「りぶらん利用促進講演会」「りぶらんおはなし会事業」「りぶらん映画上映会事業」などを計画している（二〇一四年〔平成二十六年〕認定基本計画、なお、「りぶらん」というのは、白河駅前に整備した多目的複合施設の愛称である）。

それぞれの事業の内容は、基本計画によると、次のようなものである。

「りぶらん古本バザール事業」は、廃棄予定の本や雑誌、蔵書として受け入れないことにした寄贈本などを広く市民に提供する機会を設け、図書や資料の再活用を図るとともに、中心市街地の拠点施設りぶらんの利用増加を図る。

「りぶらん利用促進講演会」は、図書館地域交流会議室を活用して、「有名作家などによる図書館企画・主催の講演会」を開催する。講演会を通じて市民の来館や読書に興味をもつ機会を創出し、りぶらんの利用促進と読書活動の推進を図る。

「りぶらんおはなし会事業」は、乳幼児や子どもを対象とした絵本の読み聞かせや手遊びの会を開催し、幼いころからの絵本との出合いの機会や子どもが読書に興味をもつ機会を創出する。

「りぶらん映画上映会事業」は、懐かしい映画や親子で鑑賞できる映画の上映会を開催し、時代を超えた名作に触れる機会を創出する。

こうした取り組みによって中心市街地の拠点施設であるりぶらんを利用する機会の増加を図る。

これらは、「市民共楽のふるさとづくり」に位置付けられている。

以上は、どこの図書館でもおこなっている事業だが、それらを積極的に中心市街地活性化基本計画に位置付けたことに大きな意義をもつもので、図書館の可能性を提示していると考える。こうした積極性に欠けているところに、現在の日本の図書館界の問題があるといえるだろう。

明石市立図書館――本のまち明石の推進

明石市では、「本のまち明石関連事業」が計画されている。これは、「本のまち明石推進のための拠点施設である市民図書館を中心として、開館イベントをはじめ本をキーワードとした各種イベント、市街地内の各施設と連携したまちなか図書館などを実施する」というもので、便利で暮らしやすいまちづくり、一歩足を延ばして楽しめるまちづくりに役立てようとするものでもある。明石市の図書館は、JR明石駅の駅前複合ビルに組み込まれ、立地のよさもあってよく利用されている。ただ、図書館としての空間構成とその利用にいまひとつ工夫が足りず、残念なところもある（いちばん残念なのは、レファレンスカウンターが館内をひとわたり探し回ってやっと見つかるようなところに置かれていることだ。図書館入り口の左に入り奥まったところにレファレンスブックのコーナーがあるので、その手前、入り口寄りに設けるべきだったのではないか）が、ディスカバリーサービスなど、新しいサービスに積極的に取り組んでいる。また、入り口正面の児童サービスエリアはよく考えられたものだ。

藤枝市立図書館――エコノミックガーデニング

藤枝市では、新設の藤枝市立駅南図書館が、「エコノミックガーデニング事業」に取り組んでいる。

エコノミックガーデニングは、アメリカ・コロラド州リトルトン市で始まった。地元中小企業を成長させることで地域経済を活性化させようという政策である。リトルトン市では、一九九〇年から二〇〇五年までに、従業者数が二倍、市の売り上げ税収入が三倍になったという。日本では、全国に先駆けて藤枝市が取り組んだ。

藤枝市の中心市街地活性化基本計画は、第二期（二〇一三年〔平成二十五年〕認定）で「エコノミックガーデニング支援事業」を、第三期（二〇一八年〔平成三十年〕認定）では「藤枝市立駅南図書館エコノミックガーデニング拠点化事業」を計画している。

「エコノミックガーデニング支援事業」は、地域の住民にビジネス関連図書の収集・整理を重点的におこなった駅南図書館（第一期（二〇〇八年〔平成二十年〕認定）で新設）を活用してもらい、また、図書館の駅に近い立地を生かしてビジネス関連講座などを開催し、ビジネス支援とともに、企業や創業を支援する事業を計画し、空き店舗の減少などをねらう。この事業は、二〇一一年〔平成二十三年〕度から開始されている。

さらに、第三期計画の「藤枝市立駅南図書館エコノミックガーデニング拠点化事業」では、拠点

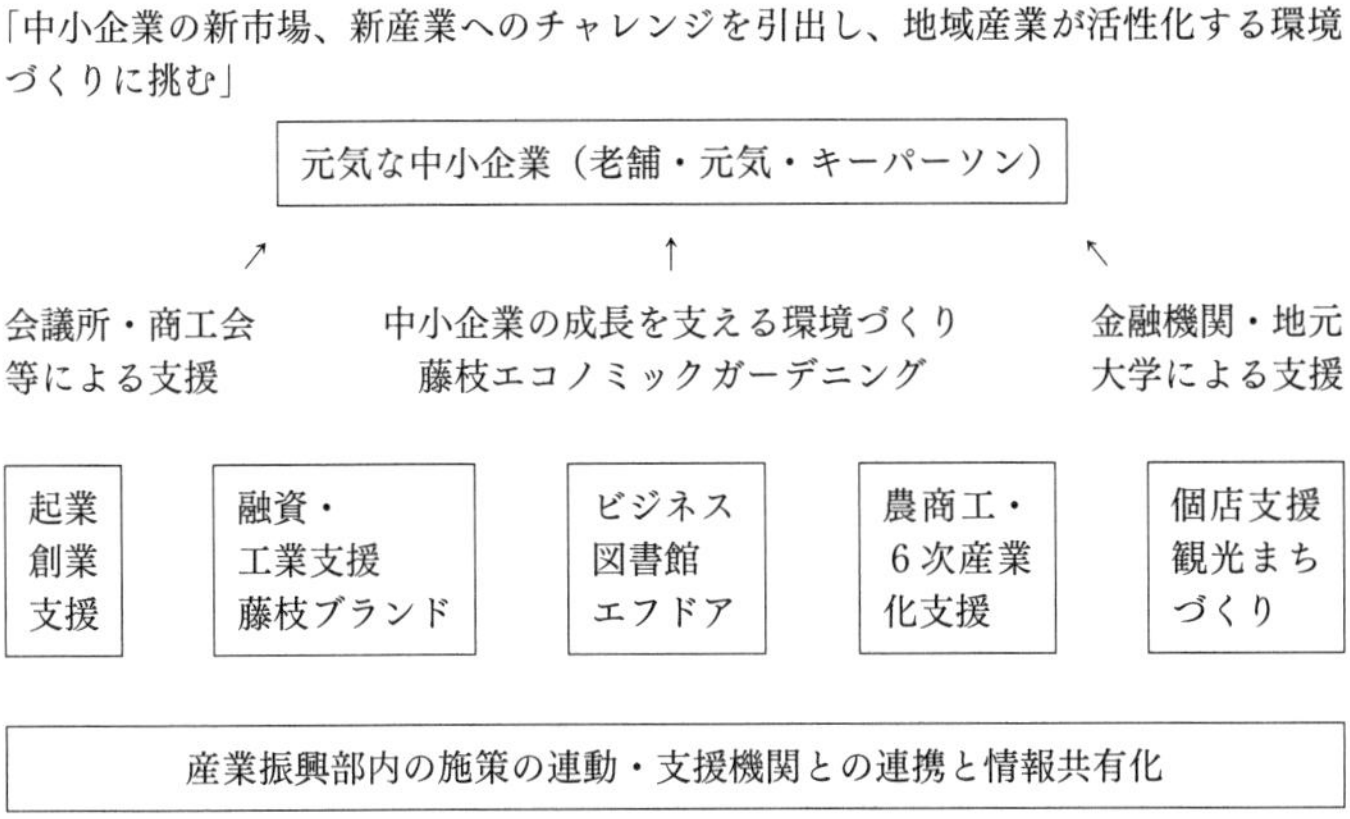

図1　藤枝エコノミックガーデニング事業のイメージ（藤枝市産業振興部産業政策課）
（出典：「藤枝エコノミックガーデニング事業」藤枝市、2016年3月23日更新［2016年5月1日アクセス］。現在〔2020年12月〕見ることはできない）

組織エフドアを設け、さらに積極的に中小企業を中心にした産業振興に取り組むというものだ。

藤枝市のウェブサイトでは、「藤枝エコノミックガーデニング事業」の二〇一一年度（平成二十三年度）からの具体的取り組みは以下のようになっている。

二〇一一年度（平成二十三年度）……産学公民学によるエコノミックガーデニング推進の勉強会と推進協議会準備を進める。同時に駅南図書館にビジネス支援コーナーを開設。

二〇一二年度（平成二十四年度）……藤枝市の産業の動向把握のために、市内企業九十二社への訪問ヒヤリングにより支援ニーズの把握とビジネス支援図書館機能の充実。

二〇一三年度（平成二十五年度）……企業参画による戦略会議を実施し、ホームページ、フェイスブックに情報インフラの整備、図書館としてのビジネスレファレンスの開始、異業種企業の連携やマーケティングに関する情報交換の場づくりやビジネスセミナーなどを開催。
二〇一四年度（平成二十六年度）……駅南図書館にビジネス支援の相談窓口「エフドア」を開設。エコノミックガーデニング推進の拠点化に踏み出す。ビジネスに役立つ情報と人のコーディネート、大学、公的支援機関、民間専門家と連携したセミナーなどを開催。

二〇一五年度（平成二十七年度）……ビジネス支援センターエフドアにデータベース活用（新聞記事検索）や市場情報評価ナビ導入による証券分析サポート開始。異業種間や学生の人的ネットワークづくりを支援するエフドアフューチャーセンター（エフドアFC）の開催。

（出典：「藤枝エコノミックガーデニング事業」藤枝市、二〇一六年三月二十三日更新［二〇一六年五月一日アクセス］。現在［二〇二〇年十二月］見ることはできない。）


藤枝市のエコノミックガーデン事業の特徴は、図書館を拠点として展開していることだろう（図1を参照）。ほかの地方自治体でも、エコノミックガーデン事業に取り組むところはあるが、図書館を拠点にすえているところは少ない。

豊後高田市立図書館――市民講座の開催など

豊後高田市では、新図書館の建設を事業として計画し（二〇〇七年〔平成十九年〕認定）、続く二〇一二年（平成二十四年）の計画では、〇七年（平成十九年）に建設された新図書館の利活用促進を図っている。〇七年（平成十九年）の計画でも、新図書館の建設に加えて、「本来の図書館機能の充実に加え、市民講座や読み聞かせなど、世代間交流事業を展開する空間を創出する他、定住対策としても重要な要素である子育てや教育（学び）の観点も含めた魅力ある都市空間機能を整備する。また、観光情報の発信も図ることで、同区域への新たな来街目的を付与し、高田側商店街→図書館→市民・高齢者向けのまちづくりを進める玉津側商店街（玉津プラチナ通り）への新たな回遊ルートの構築により来街者の増加、滞在時間の増やそれに伴う観光消費額の増につながる事業として図書館のサービス事業を位置付けている。図書館の存在を非常に大きく位置付けている。豊後高田市の取り組みは、図書館の社会的な役割を考えるうえで参考になるものといえるだろう。

また、二〇一二年（平成二十四年）認定の基本計画では、「新図書館における付加価値」に、「市民きらきら学び塾事業」という市民講座などの実施、読み聞かせ事業の開催、観光情報の発信、学習機能の充実をあげている。これは、新図書館では既存の図書館よりも蔵書数、開架スペースを充実させ、さらに閲覧席なども増やして活用するとともに、市民講座などを開催して、利用者数を増やし、まちの活性化などにつなげようとするものだ。これらは地域の都市公園の整備やお祭りイベント広場とも連携して進められ、「さらなる〝まちなか〟のにぎわい創出」「昭和の町、玉津地区、新図書館などが集積する地区、三地区の回遊性向上」、そして「〝まちなか〟滞在時間の延長」が期待されている。

さらに、二〇一二年（平成二十四年）の計画では、市庁舎の跡地を公園として整備し、新図書館と桂川河川敷とを連担させて、祭りやイベントができる空間を整備し、図書館も各行事やイベントと連携することが構想されている。

土浦市立図書館——新図書館利用推進事業

土浦市では、「新図書館利用推進事業」が、二〇一九年（平成三十一年）認定の基本計画に掲載されている。事業の中心は、新図書館に併設する市民ギャラリーと連携して、にぎわいを創出しようというものだ。もちろん、新図書館でも現在の図書館が担っている読書活動支援、市民や地域の課題解決を支援する生涯学習、情報の拠点としての役割は引き継がれ、そのうえでさらに市民ギャラリーとの連携を進めようというものである。

3 図書館に関連した取り組み

このほか、図書館に関連した取り組みとして特に取り上げておきたいものに、大牟田市の「まちづくり基金事業（ともだちや絵本ギャラリー事業）」、八戸市の「本のまち八戸交流拠点形成事業」がある。

大牟田市ともだちや絵本ギャラリー

大牟田市の「まちづくり基金事業（ともだちや絵本ギャラリー事業）」（二〇一七年〔平成二十九年〕

認定）は、まず、中心市街地に新たなにぎわい・文化を生み出す組織「ともだちや絵本ギャラリー実行委員会」を設立し、実行委員会を中心に、絵本をテーマにした親子の交流の空間づくりを推進する。具体的には、交流施設や商店街などで絵本の展示や読み聞かせをし、商店街の空き店舗のシャッターには絵本の画などを貼り付けること、空き店舗の活用、交流施設などの利用促進などをおこない、それらを通して中心市街地の歩行者数を増やそうというものである。

この事業は、「ともだちや絵本ギャラリー」の開催など、実行委員会を主体とした「絵本を活かしたまちづくり」として定着し、読み聞かせグループの活動も盛んにおこなわれるなどの効果を生み出している。大牟田市では、こうした活動に基づいて、さらに絵本を生かしたまちづくりを発展させるために、「ともだちや絵本ギャラリー（仮称）」建設を進め、二〇一九年には議会で可決され、実現のために市民の寄金を募集している。

八戸市本のまち八戸事業の推進

八戸市は、「本のまち八戸交流拠点形成事業」（二〇一三年〔平成二十五年〕認定）を計画している。これは二〇一五年（平成二十七年）からの事業で、「本の販売や閲覧スペースの提供、本を中心としたイベントの開催など、本に関する新たな公共サービスを提供し、本のまち八戸を推進する拠点施設を整備する」というものである。

事業内容は、中心市街地に本の販売や閲覧ができる場を作って、本に関する新たな公共サービスの提供施設とし、ここでは、本を中心としたイベントや書店と連携した企画を実施する。施設での事業を通して、中心市街地への来街者の増加と回遊性の向上を図る。また、市内三日町のにぎわい拠点や八戸ポータルミュージアム「はっち」と連携することで、集客力に相乗効果が生まれ、多くの住民が訪れることが期待できる。

八戸市は、二〇一七年度(平成二十九年度)から毎年度「八戸ブックセンター企画事業報告書」[3]を発行している。以下、「八戸ブックセンター企画事業報告書」を参考に、事業内容をさらに詳しく紹介していこう。

八戸市では市の事業として、乳幼児(生後九十日から一歳未満)とその保護者を対象にした「ブックスタート事業」、小学生を対象にした「マイブック推進事業」、三歳児とその保護者向けに新たに創設した「〝読み聞かせ〟キッズブック事業」を実施している。

八戸ブックセンターは成人を主な対象とする各種の事業も実施する。これらの事業は八戸市中心市街地活性化基本計画では、「中心市街地の活性化に寄与するとともに、市民の豊かな心を育み、本のある暮らしが当たり前になる文化の薫り高いまちを目指し、本と出会う新たな機会の創出、本を通した市民交流を推進するもの」とされている。

事業の基本方針は、①本を「読む人」を増やす、②本を「書く人」を増やす、③本で「まち」を盛り上げる、である。

方針①〈本を「読む人」を増やす〉では、まず、これまで出合う機会が少なかった本が身近にある環境を、八戸ブックセンターでつくる。そこでは、本を手に取りたくなるような陳列や空間設計をおこない、また、読み始めるきっかけになるイベントを開催する。

これを実現するために、(1)本のまち読書会、(2)ドリンクス・ブック、(3)アカデミックトーク、(4)販売・本の陳列（ブックストア・セレクト）、(5)読書会ルームの活用、という五つの事業を実施している。

方針②〈本を「書く人」を増やす〉では、八戸ブックセンターに執筆ブースを備え、執筆や出版の相談窓口やワークショップの開催などをおこなう。

この取り組みをおこなう背景には、「本好き」が高じて本を「書く人」になることもあるし、本を「書く人」が多いまちは、豊かな想像力や思考力にあふれ、魅力的なまちになる、また、八戸市は、三浦哲郎という偉大な作家を生んだ土地でもあるから、という理由もある。

これを実現するために、(1)出版ワークショップ・執筆、(2)「カンヅメブース」を実施する。「カンヅメブース」というのは、本を執筆したい人に書くための場を提供するもので、利用者は、活動内容などを明らかにして、「市民作家」として登録する必要がある。

方針③〈本で「まち」を盛り上げる〉は、「本はひとりで読むものであると同時に、そこから得た知識や情報、感情や思考などを共有することで、より深く楽しむことができるものでもある」という考えのもと、五事業を実施している。それらは、(1)ギャラリー展示、(2)パワープッシュ作家、(3)本のまち八戸ブックフェス、(4)ブックサテライト増殖プロジェクト（フリーペーパーの発行）、(5)「本のまち八戸」各種事業との連携である。

これらは、本で「まち」を盛り上げるために、本を介したコミュニケーションを生み出すさまざまな取り組みを展開するものとして位置付けられている。[4]

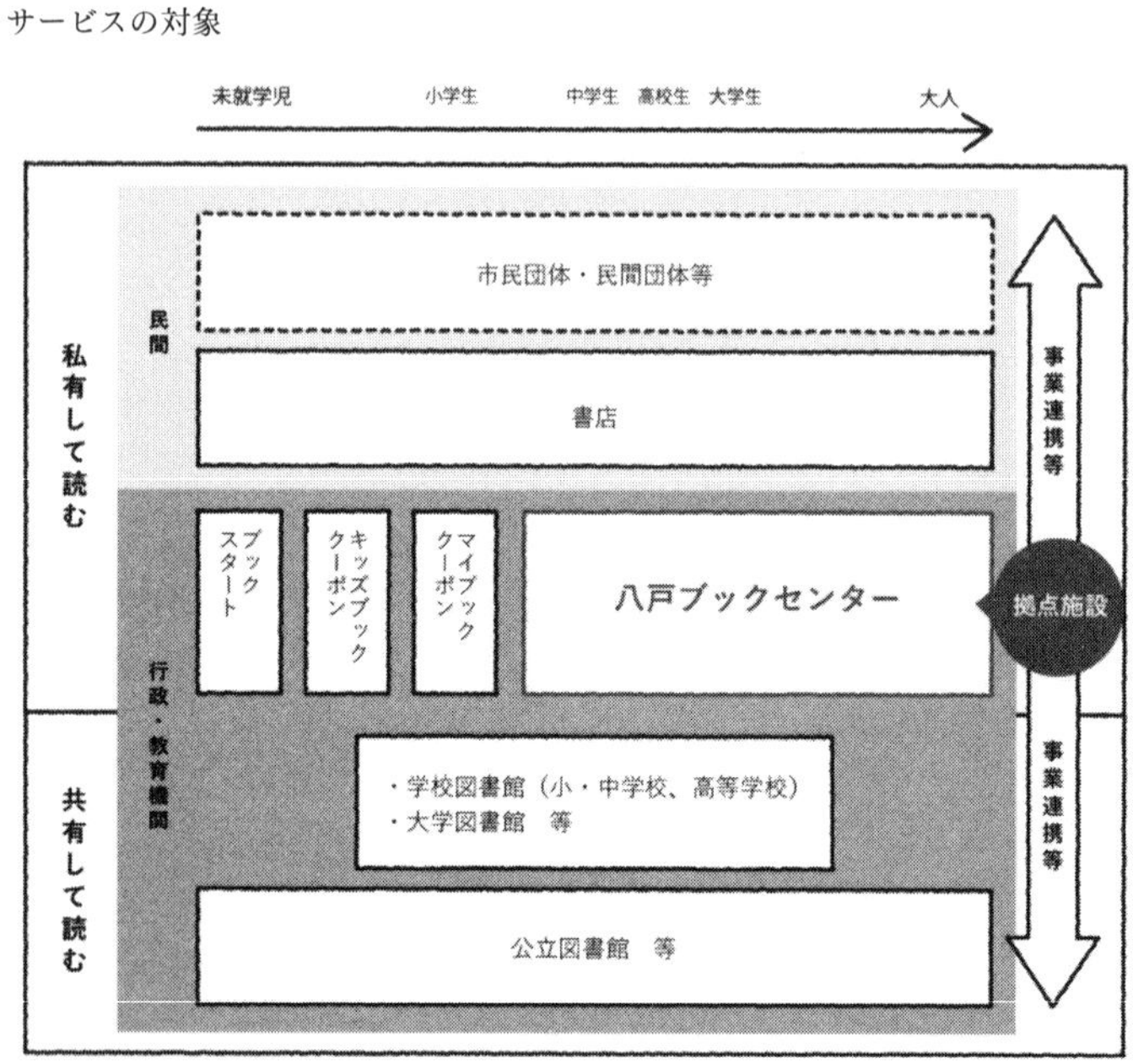

図2　「本のまち八戸」の概念図
（出典：まちづくり文化スポーツ部まちづくり文化推進室八戸ブックセンター「八戸ブックセンター企画事業報告書（平成29年度版）」八戸市〔https://www.city.hachinohe.aomori.jp/material/files/group/8/20181115-132613.pdf〕［2021年3月3日アクセス］）

なお、中心市街地活性化基本計画では、八戸ブックセンターの事業効果は、次のようなものが想定されている。

◎まちづくりにおける八戸ブックセンターの効果

来街機会の創出

生活の質を高める魅力的な都市機能として、本の購入にとどまらない、観光、移住、企業誘致などへの波及効果が期待される。

連携と回遊

「はっち」「マチニワ」、新美術館、図書館などの公共施設や民間書店などとの事業連携によって、街の回遊性を高める。

以上、注目すべき取り組みについて紹介した。基本計画を読むと、図書館関係事業についてさらに詳しく記載しているものがある。その一端を第2章「まちづくり、中心市街地活性化事業と図書館」の表3から表5に示しておいたので参照してほしい。

4　新図書館建設のための図書館計画にみるまちづくりと図書館

以上、基本計画に図書館の事業のなかでの位置付けや図書館に関わるサービス・事業などを見てきた。中心市街地活性化事業に図書館を組み込んで積極的なサービス・事業を計画していても、それらが実際の図書館サービス・事業で実現されなくては意味がない。実際に、基本計画に記載されたままで実現しなかった建設事業、サービス・事業も散見される。また、事業として図書館を建設しても、まちづくりに関わる点で積極的な活動が見られなければ、期待外れに終わることにもなりかねない。そこで最後に、新図書館建設に向けて策定された図書館構想、計画を見ておきたい。それらの構想、計画はネット上にすべて公表されているわけではないので、本書では一部の検討にとどまることをお断りしておきたい。

公表されたものを見てみると、まちづくりを特に意識せず、従来よく見られる構想、計画にとどまっている図書館が多い。それでも地域の課題解決支援サービスや人が集う空間の活用に言及したものがある点が、従来のものとの違いといえるだろう（滋賀県「守山市立図書館整備基本計画」[5]など）。

他方、積極的にまちづくりとの関わりを視野に入れて策定されたものもある。その事例として、豊橋市まちなか図書館（仮称）の基本計画を紹介しておきたい。

豊橋市まちなか図書館(仮称)整備基本計画

豊橋まちなか図書館(仮称)は、現在進行中の事業である(二〇一四年〔平成二十六年〕認定)。基本計画のなかでは「にぎわいの創出」に位置付けられる。駅前大通り二丁目地区市街地再開発事業に組み込まれているもので、図書館の整備は、「多世代交流拠点としてのこども未来館、文化・交流拠点としての穂の国とよはし芸術劇場(プラット)に加え、中心市街地の魅力を高める新たなにぎわい拠点としていきたい」というものだ。さらに、「住んでみたくなるまち」「住み続けたくなるまち」豊橋の象徴として、未来の豊橋を創造するための拠点になることも期待されている。

また図書館は、「図書館が持つ可能性を最大限発揮し、中心市街地の諸機能と連携した魅力ある施設としてにぎわいの創出を図るだけでなく、次代を見据え、地域の強みや課題を知る豊橋のまちづくりを担う人材の育成を図る場を目指」すものとして構想されている。

整備基本計画では、まず、図書館の基本理念を「世界を広げ、まちづくりに繋げる〝知と交流の創造拠点〟」と定め、「まちなか図書館は、情報や「知」に触れ、人と出会い「交流」し、自らの世界を広げ創造する人を育て、まちづくりに繋げる拠点」としている。

この理念に基づき、基本方針として次の五つを示している。

1　新たな世界を発見し、創造する

2　交流、活動を通して、人と人とが繋がる始点となる

3　気軽に立ち寄れ、心落ち着く居場所となる
4　再開発エリアや中心市街地の諸機能等と連携する
5　次代のまちづくりと中心市街地のにぎわい創出に繋げる

整備基本計画では、各基本方針についてかなり丁寧な説明がある。その説明のなかで特に注目しておきたいものが方針5に関するもので、それは次のようなものになっている。

人口減少時代を迎え、今後の地方都市はそのあり方が大きく問われています。ここに暮らす人々が豊橋らしさを輝かせることで、私たちに満足感や自信を生みだし、まちづくりの機運を高め、さらなる発展を促します。多くの人が訪れる中心市街地は、とりわけ、にぎわいと新しい豊橋の都市文化を築き上げ、まちづくりの拠点となると考えます。

まちなか図書館は、次世代にわたり「私たちのまち・豊橋」について考える人を育て、にぎわいの創出やまちづくりに繋がる図書館を目指します。

ここでは、従来の成長型都市を前提とした思考ではなく、人口減少時代という近未来の都市のあり方を想定したものになっている。すなわち、人口減少、少子・高齢化、低成長、情報化という枠組みで形成される成熟社会のなかでのまちづくりを想定し、図書館を位置付けている。これは、ほ

かの図書館構想・計画では見られず、豊橋市の図書館の取り組みは注目すべきものといっていい。現在、開館に向けて事業は進んでいるが、住民が積極的に関わって図書館を作り上げようという意欲が満ちあふれている点でも注目すべきものといえる。

具体的なサービス・事業の計画は、次のようになっている。

①新たな世界を発見し、創造するサービス

新たな世界との出会いを支援するため、自然に資料・情報に触れたくなる場や、様々な視点から未知の世界へ興味を繋ぐ場をつくります。さらにこうして得た知識や情報、人的ネットワーク等を活用し、新たな価値が創造できる場とします。

【サービス例】

・館内を巡り、つい手に取ってみたくなる本のディスプレイ

・読者によるおすすめ本の紹介

・映像編集など創作活動ができる情報端末の提供

関連する主な機能：「発見する」「学ぶ」

②交流、活動を通して、人と人とが繋がる始点となるサービス

市民が様々な立場の人々と出会い、情報交換や交流を通じて豊かな人生を育むため、多様な機関や専門家のほか、新たな仲間との繋がりを創出する場とします。

【サービス例】

・ビブリオバトル、ブクブク交換などのコミュニケーションイベントの開催
・趣味や健康づくりなどの参加型ワークショップの開催
・法律、起業、就職、健康等に関する各種相談会の開催

関連する主な機能：「集う」「交流する」

③気軽に立ち寄れ、心落ち着く居場所となるサービス

より多くの市民に心地よく利用していただくため、様々なニーズに対応できる良質なサービスを提供する場とします。

【サービス例】
・カフェやラウンジなど気軽に立ち寄れ、くつろげるスペースの提供
・照明の明るさ、BGMの選択、夜間の酒類の提供など、時間帯や利用者層の違いを意識したサービス

関連する主な機能：「くつろぐ」

④再開発エリアや中心市街地の諸機能等と連携するサービス

中心市街地の活性化に寄与するため、再開発エリアや中心市街地の店舗・施設と連携し、一体となって中心市街地の魅力の発信に資する場とします。

【サービス例】
・書店、飲食店や文化教室等と連携したサービスの提供
・中心市街地の店舗が持つ専門的な知識やノウハウを紹介するイベント、講座の実施

・こども未来館や穂の国とよはし芸術劇場（プラット）等と連携した取組の推進
関連する主な機能：「交流する」

⑤次代のまちづくりと中心市街地のにぎわい創出に繋げるサービス
まちの強みや課題を知る機会やまちの未来について話し合う機会を積極的に提供するほか、未来のまちづくりに繋がるよう、市民一人ひとりが個々の能力を高め、互いに刺激し合えることができる場とします。

【サービス例】
・産業、福祉、教育、環境など各分野の市民、専門家を招いた講演会やサイエンスカフェ等の開催
・新たな活動フィールドを求める市民や人材還流のための情報提供や支援
・中心市街地を中心とした歴史、店舗、イベント等情報の収集、発信、活用
関連する主な機能：「発見する」「学ぶ」「交流する」

（出典：以上、「基本計画」に関する記述は、豊橋市「豊橋市まちなか図書館（仮称）整備基本計画」豊橋市〔https://www.city.toyohashi.lg.jp/secure/64769/kihonkeikaku.pdf〕［二〇二一年一月十日アクセス］による。）

このほか、黒石市、田辺市、白河市など地域性を重視という点で注目すべき計画がある。

注

(1) 西入幸代「NPO・市民協働の図書館づくりを目指して――上田情報ライブラリー」、宮下明彦/牛山圭吾編著『明日をひらく図書館――長野の実践と挑戦』所収、青弓社、二〇一三年、「NPO法人上田図書館倶楽部」(http://ueda.zuku.jp/)[二〇二一年一月十日アクセス]

(2) 江上真太郎「基山町立図書館による「きやまRESASデジタルアカデミー」」「カレントアウェアネス-E」No.389、二〇二〇年四月二十三日(https://current.ndl.go.jp/cae)[二〇二一年三月三日アクセス])。この試みは、二〇一九年「図書館レファレンス大賞」の奨励賞を受賞している。

(3) 八戸市ブックセンター「八戸ブックセンター企画事業報告書について」八戸市〔https://www.city.hachinohe.aomori.jp/shisetsuannai/bunka_sports/hachinohebookcenter/8907.html〕[二〇二一年三月三日アクセス]

(4) それぞれの特有な表現が使われていて、表題だけではよくわからないものも多いが、報告書はネットでも公開されているので、それを参照されたい。「八戸ブックセンター企画事業報告書」二〇一九年度(令和元年度)版、八戸市まちづくり文化スポーツ部まちづくり文化推進室八戸ブックセンター(https://www.city.hachinohe.aomori.jp/material/files/group/8/kikakujigyouhouk)[二〇二一年三月三日アクセス]

(5) 守山市教育委員会図書館「守山市立図書館整備基本計画」二〇一五年(平成二十七年)(〔https://www.city.moriyama.lg.jp/toshokan/seibikihonkeikaku.html〕[二〇二一年一月十日アクセス])では、基本コンセプトが「本と人が出会い、人と人がつながる知の広場」とあり、コンセプトを実現するための三つの柱は、本と出会い、心豊かに過ごせる図書館、多くの人が集い地域の活力となる図書館、人と人がつながる図書館である。しかしながら、具体的なサービス・事業内容がこのコンセプトを十分実現する内容には見えないのは残念である。

第4章　図書館関係事業の評価

1　最終フォローアップ報告書

最後に、事業の評価を見ておこう。中心市街地活性化事業は、終了後に「認定中心市街地活性化基本計画の最終フォローアップに関する報告」（以下、「最終フォローアップ報告書」と略記）を公表することになっている。ここでは、「最終フォローアップ報告書」から、事業の評価を見ていきたい。

すでに述べたように、図書館に関係・関連した事業を計画しているものは百三計画あった（第2章第2節「図書館の建設などを事業として予定している基本計画」）が、このうち、事業が終了していない計画が多くある。また、二〇一五年（平成二十七年）以降に事業が始まったものはない（本章執筆中の二〇二〇年十二月時点では、中心市街地活性化事業の計画期間はおおむね五年から六、七年である)。また、それ以前の事業でも、最終報告書が公表されていないものもある。

次に、「最終フォローアップ報告書」が公表されていても、基本計画には図書館の事業が書いてあるのに、報告書では関係する事業の評価に関する記述がないものがある。

その理由には、①図書館の事業そのものが見送られたか、期間中に事業が実施されず継続中である、②限られた紙幅の報告書中に記述するほど重要な事業ではなかった、③数値目標が設定されたものではなかった、などが考えられる。

「最終フォローアップ報告書」はほとんどが五ページから十ページ程度で、これに事業概況、住民アンケート調査、関係団体の意見、実施事業とその評価、事業効果など、多くの項目を書き込まなくてはならない。したがって、「最終フォローアップ報告書」に書く事業の範囲は限られる。

なお、「最終フォローアップ報告書」には、事業の直接的な評価のほかに「計画期間終了後の市街地の状況（概要）」や住民意識調査の結果などの項目がある。それらのなかに、図書館に関する記述もある。例えば、事業が完了して建設された建物のなかに図書館があるとか、住民意識調査の設問中に図書館に関する項目があるなどである。これらは、図書館に関する事業の評価には直接関係がないので、ここでは触れない。今回検討の対象にするのは、実施事業とその評価、事業効果の項目についてである。

2　図書館に関する事業の評価

「最終フォローアップ報告書」で図書館事業に触れているものは、二十四計画あった。そのうち、図書館に関する事業について、数値目標を設定し、その評価が書いてあるものについてまとめたのが表7だ。

表7に掲載している計画数は二十四計画で、事業数は二十四である。ただし岡山県玉野市は、図書館の開館が計画期間終了後だったために評価が自動的に「未達成」になり、以下の評価検討の対象にはしていない。

二十三事業に対する目標設定数は、合わせて三十一になる。これは一つの事業で複数の目標を設定しているものがあるからだ。

例えば、大分市（二〇一八年〔平成三十年〕報告）の場合、図書館を含む複合施設ホルトホール大分建設整備事業については、三つの目標を設定している。それは、①「激変する商業環境へのエリアマネジメントによる経営戦略の構築」（目標指数「小売業年間商品販売額」）、②「変化するまちと既存ストックの連続性による魅力の向上」（目標指数「歩行者通行量」）、③「コミュニティ連携による新たな賑わいのスキーム構築」（目標指標「まちなか滞留時間」）である。ちなみに、二つの目標指数は達成できたが、一つは達成できていない。

表７　中心市街地活性化事業の「最終フォローアップ報告」に見る図書館に関する事業の評価

凡例

１、報告時期は、報告書が公表された年。番号は、表３、表５掲載の基本計画の掲載順番を示す。例えば、③―①は、表３の１番目のものである。「最終フォローアップにみる記述」は、事業を位置付けている「個別目標」と、その目標の達成度を測る「目標指数」「達成状況」の３項目。さらに（　）にコメントを入れた。個別目標が２つ、３つあるものがある。

自治体名	報告時期	「最終フォローアップ報告」にみる記述
熊本市熊本地区、熊本駅前東Ａ地区関連事業（〔C〕情報交流施設整備事業〔高次都市施設地域交流センター、地域創造支援事業情報交流施設〕を含む）③―①	2012年（平成24年）	個別目標「人々が活発に交流しにぎわうまち」 ・目標指数：歩行者通行量 ・達成状況：未達成
滝川市、図書館移転事業③―⑥	2013年（平成25年）	個別目標「回遊・滞留ルートを形成し、街なかに賑わいを創出」 ・目標指数：歩行者・自転車通行量 ・達成状況：達成 個別目標「住みよい生活ステージ形成によるまちなか居住の推進」 ・目標指数：街なか居住人口 ・達成状況：達成
藤枝市、新図書館整備事業③―③	2013年（平成25年）	個別目標「人々が集い、快適・満足に、はつらつと過ごせるまち」 ・目標指数：歩行者通行量 ・達成状況：達成 個別目標「結びつきに支えられ、健やかに暮らせるまち」 ・目標指数：公共施設の利用者数 ・達成状況：達成 関連→藤枝駅周辺にぎわい再生拠点施設整備事業［BiVi 藤枝計画］

自治体名	報告時期	「最終フォローアップ報告」にみる記述
飯田市、コミュニティ形成・公共施設機能強化事業⑤─⑤	2014年（平成26年）	個別目標「環境に配慮し、安心安全な暮らしの実現」 ・目標指数：利用者数 ・達成状況：未達成
西条市、地域交流情報センター（新図書館）整備事業③─⑨	2014年（平成26年）	個別目標「賑わいと回遊性の向上」 ・目標指数：歩行者・自転車通行量（休日） ・達成状況：未達成
北九州市（黒崎地区）、文化・交流拠点地区（ホール、図書館）、（広場、緑地等）の整備③─⑪	2014年（平成26年）	個別目標「来街者で賑わうまち（集客と回遊性の強化）」 ・目標指数：中心市街地における歩行者通行量 ・達成状況：達成 個別目標「経済活力のあるまち（商業の活性化）」 ・目標指数：中心市街地の小売業年間商品販売額 ・達成状況：達成
甲府市、新県立図書館の整備③─⑫	2014年（平成26年）	個別目標「拠点施設や歴史文化施設の整備によるにぎわいの創出」 ・目標指数：歩行者交通量 ・達成状況：達成 個別目標「近隣商業と都心型商業が共存する商店街の再生」 ・目標指数：小売販売額 ・達成状況：未達成
塩尻市、高次都市施設事業（市民交流センター〔地域交流センター〕）③─⑬	2014年（平成26年）	個別目標「中心市街地のにぎわいの促進」 ・目標指数：歩行者・自転車通行量 ・達成状況：達成
米子市、図書館・美術館整備事業③─⑭	2014年（平成26年）	個別目標「人が集い賑わうまちをつくる」 ・目標指数：歩行者通行量（自転車を含む） ・達成状況：達成
白河市、白河駅前多目的複合施設整備事業③─⑮	2014年（平成26年）	個別目標「市民共楽のふるさとづくり」 ・目標指数：平日歩行者通行量 ・達成状況：達成

自治体名	報告時期	「最終フォローアップ報告」にみる記述
田辺市、複合文化施設建設事業③―⑰	2014年（平成26年）	個別目標「街なか環境の整備や商業機能の再構築による賑わいの創出」 ・目標指数：中心市街地５地点の歩行者・自転車通行量（休日） ・達成状況：達成
大田原市、中央通り市街地再開発事業（公共公益施設等整備検討事業）⑤―⑥	2014年（平成26年）	個別目標「多様な市民活動のさらなる集積と発信による賑わいの創出」 ・目標指数：中心市街地における歩行者・自転車数 ・達成状況：未達成
下関市、社会教育複合施設整備事業（細江町三丁目地区社会教育複合施設〔仮称〕整備運営事業）③―⑲	2015年（平成27年）	個別目標「歩きたくなる、回遊したくなる街」 ・目標指数：歩行者等通行量（休日） ・達成状況：達成 個別目標「愛着を持っていきいきと暮らせる街」 ・目標指数：市民サービス施設利用者数 ・達成状況：達成
北見市、市立中央図書館整備事業③―㉓	2016年（平成28年）	個別目標「都市機能の充実によるにぎわい創出」 ・目標指数：週末歩行者通行量 ・達成状況：達成
富山市、西町南地区第一種市街地再開発事業③―㉕	2017年（平成29年）	個別目標「公共交通や自転車・徒歩の利便性の向上」 ・目標指数：路面電車市内線一日平均乗車人数 ・達成状況：達成 個別目標「富山らしさの発信と人の交流による賑わいの創出」 ・目標指数：中心商業地区の歩行者通行量（日曜日） ・達成状況：未達成
上山市、図書館・店舗連携事業③―㉗	2017年（平成29年）	個別目標「市民及び観光客の回遊促進・商店街の利用促進による賑わい創出」 ・目標指数：歩行者通行量（休日） ・達成状況：未達成

自治体名	報告時期	「最終フォローアップ報告」にみる記述
(参考) 玉野市、新図書館等整備事業⑤—⑭	2017年(平成29年)	個別目標　不明（基本計画に記載なし） ・目標指数：自転車・歩行者通行量（休日） ・達成状況：未達成（＊計画期間では開館できなかったので「未達成」となった） （＊基本方針１「まちの魅力が連携し、人が集い行き交うまちづくり」に位置付けられている）
岐阜市、つかさのまち夢プロジェクト（岐阜大学医学部等跡地第1期施設整備事業）③—㉘	2018年(平成30年)	個別目標「にぎわいの創出」 ・目標指数：歩行者・自転車通行量（柳ケ瀬周辺地区） ・達成状況：未達成
安城市、中心市街地拠点整備事業（中心市街地活性化用地）③—㉚	2018年(平成30年)	個別目標「都市機能の集積による「にぎわいのある都市拠点」の形成」 ・目標指数：歩行者通行量（平日・休日） ・達成状況：達成
大分市、ホルトホール大分整備事業③—㉛	2018年(平成30年)	個別目標「激変する商業環境へのエリアマネジメントによる経営戦略の構築」 ・目標指数：小売業年間商品販売額 ・達成状況：未達成 個別目標「変化するまちと既存ストックの連続性による魅力の向上」 ・目標指数：歩行者通行量 ・達成状況：達成 個別目標「コミュニティ連携による新たな賑わいのスキーム構築」 ・目標指標：まちなか滞留時間 ・達成状況：達成
府中市（広島県）、図書館周辺整備事業⑤—⑰	2018年(平成30年)	個別目標「賑わいの創出」 ・目標指数：歩行者・自転車通行量（平日） ・達成状況：未達成
土浦市、土浦駅前北地区市街地再開発事業③—㉟	2019年(令和元年)	個別目標「公共公益施設新設に伴う滞留人口増加」 ・目標指数：中心市街地歩行者交通量 ・達成状況：達成

自治体名	報告時期	「最終フォローアップ報告」にみる記述
掛川市、中央図書館利用促進事業⑤―⑲	2019年（令和元年）	個別目標「まちなか交流人口（掛川城周辺施設利用者数）」 ・目標指数：来場者数 ・達成状況：未達成
飯田市、文化的・商業的イベント実施事業④―⑤	2019年（令和元年）	個別目標「地域の魅力再発見による文化的な暮らしの創造」 ・目標指数：文化・交流施設の利用者数（平日） ・達成状況：達成

（出典：内閣府地方創生推進事務局「最終フォローアップに関する報告」首相官邸〔https://www.kantei.go.jp/jp/singi/tiiki/chukatu/followup/131025followup.html〕［2021年3月3日アクセス］）

二十三事業の内容は、図書館の建設および建設関係のものが十九（このうち二は、図書館の改修と図書館の駐車場など周辺環境の整備）、施設の利用および利用促進が二、イベントの実施が一、複合施設内の店舗などとの連携事業が一、である。

目標三十一のうち、達成したものは二十、未達成は十一だった。

目標設定の達成・未達成を、設定された項目を分野別に見ていくと、以下のようになる。一つの目標でも二つの分野にまたがるものは、分野の一つを「重出」として扱っている。

達成　二十（重出を含めると二十二）
　分野「賑わい」に関する目標　十三
　「まちの魅力」に関する目標　一（重出を含めると二）
　「商業」に関する目標　一（重出を含めると二）
　「暮らし・住まい」に関する目標　四
　その他　一
未達成　十一（重出を含めると十二）
　分野「賑わい」に関する目標　八
　「まちの魅力」に関する目標　〇

「商業」に関する目標　二（重出を含めると三）
「暮らし・住まい」に関する目標　一
その他　〇
なお、個別の事業がさらに大きな事業の一部を構成している場合、大きな事業で評価されているケースもある。長野県塩尻市の例を紹介しておく。
塩尻市の図書館を含む複合施設「高次都市施設事業（市民交流センター）［地域交流センター］」は、塩尻駅南地区市街地再開発事業にも組み込まれていて、その事業は、個別目標「中心市街地のにぎわいの促進」「街なか居住の推進」「新たな産業や文化の創出」の三つの目標に位置付けられ、それぞれの評価は目標を達成している。
未達成とされている目標は十一あったが、図書館が評価されていないというわけではない。
例えば、愛媛県西条市は、図書館が「まちの賑わい」に関して位置付けられ、「個別目標　賑わいと回遊性の向上」は未達成だったが、「最終フォローアップ報告書」の「事業効果」の項では、「平成二十一年六月のオープン後、平成二十六年三月に入館者数二百万人を達成していて、賑わいの創出が図られている」と評価されている。
図書館は、石鎚山系からの伏流水が湧き出る清流沿いに広がる公園内にあり、公園の南側にはJR西条駅につながる幹線道路が通り、道路沿いには商店が並ぶ。公園に接する東西北三方向は住宅地という立地で、調査地点は幹線道路沿いの駅に向かうところに置かれたが、そこを通って来館する人よりも、住宅地から来館する人のほうが多かった。来館者のうち調査地点を通るのはそれほどの数ではなかったから、未達成というのも無理もないと思われる。

山梨県甲府市の場合は、調査地点と図書館はやや離れているので、未達成になったのは無理もない。だが、これも「事業効果」の項目では、「基本的な図書館機能に加え、会議やイベントにも利用できるスペースが、有効に利用され、多くの集客を見せている。利用状況に大きな変化はなく、イベントスペースなどの活用も活発なことから、にぎわいの拠点としての役割を果たしている」と評価されている。

大分市は、図書館を含む複合施設への出店が予定の四店から二店にとどまった。上山市は、同じく複合施設から店舗が撤退、府中市（広島県）は、事業規模が縮小されたなど、やむをえない事情があった。さらに、掛川市（静岡県）は、中央図書館利用促進事業での目標指数が来場者数だったが、新型コロナウイルス対策で閉館したために達成できないというものだった。これもやむをえないことといえるだろう。

3　図書館の経済的な波及効果

次に、先に述べた数値目標の設定方法を見ておこう。取り上げるのは、図書館の経済的な波及効果を測定するための方法の一つ、小売業販売額の計算法についてである。

日本では、いままで図書館の経済的な波及効果について測定はおこなわれてこなかった。理由は、図書館の多くがある時期まで中心市街地からは離れた都市公園など静かな場所に建設されることが多かったからと考えられる。

今回検討したなかで、図書館に関わる経済的な目標を設定している計画は、大分市、北九州市黒崎地区、甲府市と三つあった。そこでは、小売業販売額が評価指数として設定されていて、算出方法も示している。このうち図書館だけを抽出して販売額を計算できるものは、北九州市黒崎地区だけだった。

北九州市黒崎地区では、ホールと図書館、広場・緑地などを文化・交流拠点地区として、これらを整備する事業を計画した。文化・交流拠点地区では、「イベントや催し物が開催され、その集客数の一部が商店街ゾーンへと回遊することが見込まれる」として、個別目標、経済活力があるまち（商業の活性化）にも位置付けられ、目標指数として中心市街地の小売業年間商品販売額が設定された。文化・交流拠点地区がもたらす販売額の増加は、三千百万円とはじき出されている。計算式は、以下のとおりだ。

三千百万円／年（≒〔五千七百二十四円／人・日×二十三人／日＋五百円／人・日×七十九人／日〕×三百六十五日×一／二〔買い物率〕）

数式中、各項目の数値を算定した根拠は、以下のようになっている。

＊五千七百二十四円／人・日：「平成十五年北九州芸術劇場事業評価調査報告書」に基づく、文化施設への来場者が公演前後にショッピングをする平均消費額。
＊五百円／人・日：「成功する行政イベント（北九州方式）」（北九州市イベント研究会）における日帰りイベント参加者の一人あたり買い物費（アンケート調査）。
＊二十三人／日：文化・交流拠点施設の開業に伴う歩行者通行量の増加分（百二人／日）のうち、ホールを目的とする来訪者による通行量。
＊七十九人／日：文化・交流拠点施設の開業に伴う歩行者通行量の増加分（百二人／日）のうち、図書館を目的とする来訪者による通行量。
＊一／二：買い物率（「文化・交流拠点地区」などに関する市民アンケート調査結果に基づく、黒崎市で余暇時間を過ごす目的が買い物の割合）。
（出典：「中心市街地の活性化の目標（黒崎地区）」「北九州市中心市街地活性化基本計画」北九州市、二〇〇八年〔https://www.city.kitakyushu.lg.jp/files/000137250.pdf〕［二〇二一年三月三日アクセス］。以下、一二三ページまで同じ）

計算式を見ると、三百六十五日（一年）の稼働になっている。ホールや図書館は、三百六十五日開館しているわけではなく、年末年始の休館があるから、開館日を実態に合わせるとこれより少なくなる。ここでは、前記の計算式から図書館の部分だけを抽出して計算してみよう。単純に計算すると七百二十一万円／年になる。

つまり、前記の計算式「≒（五千七百二十四円／人・日×二十三人／日＋五百円／人・日×七十九人／日）×三百六十五日×一／二（買い物率）」の「＋」から後は図書館の年間商品販売額だから、「五百円／人・日×七十九人／日×三百六十五日×一／二（買い物率）＝七百二十万八千七百五十円」になる。

実際はどうなったかというと、三千百万円／年の目標設定額が、実際は二億一千六百万円／年で六・九七倍になっている。目標設定が低すぎたのではないかと勘繰りたくなるような数値だ。

目標設定の根拠になった数値設定をさらに細かく見てみると、次のようになっている。

・文化・交流拠点施設の開業による歩行者通行量の増加見込み分の計算式は、以下の通り。

・文化・交流拠点施設のホール等整備によりイベントや催し物が開催され、その集客数の一部が商店街ゾーンへと回遊することが見込まれる。

○文化・交流拠点施設の開業に伴う増加見込み分

百二人／日＝十二万四千三百人／年×三〇％（文化施設を主目的に来訪した者の中心商店街ゾーンへの立ち寄り率）×一（通過地点数）÷三百六十五（日）

＊十二・四三万人／年：文化・交流拠点施設の見込み集客数（図書館九万六千七百八十二人／年、ホール二万七千五百四十人／年、公園（広場）三万五千三百五十一人／年）。公園（広場）の集客数は、図書館やホール、イベント等を目的とする来訪者との重複利用が相当見込まれるため、こ

こでは当施設の見込み集客数にはカウントしない。また、公園（広場）で開催されるイベント等による集客が見込まれるが、当集客による歩行者通行量の増加については、後述のイベント等による増加分でカウントするため、ここでは算入しない。

数式中、各項目の数値を算定した根拠は、以下のようになっている。

＊文化施設を主目的に来訪した者の中心商店街ゾーンへの立ち寄り率：「平成十五年北九州芸術劇場事業評価調査報告書」に基づく、文化施設への来場者が公演前後に飲食あるいはショッピングをしている割合六〇・三％［a］に、二〇〇五年（平成十七年）北九州都市圏パーソントリップ調査に基づく私用目的での黒崎副都心エリアへの交通分担率（バス・鉄道・徒歩の計）五〇・三％［b］を乗じた値。

ここでは、バス・鉄道・徒歩を交通手段とする来訪者を商店街ゾーンへの回遊の対象とし、車で訪れる者の商店街回遊は対象としない。

［a］×［b］＝六〇・三％×五〇・三％≒三〇％

＊通過地点数：「平成十四年黒崎地区商店街活性化調査」に基づく商店街ゾーン内立寄り箇所数を踏まえた平均通過地点数。

ほかの基本計画でも、数値設定には細かく数値の根拠を示しているが、これほどはっきりと図書館の寄与部分が算定できるものはない。
日本の図書館界では、こうした図書館の経済的な効果について検討していなかったから、大いに参考になる計算式といえるだろう[1]。
最後に、事業効果について見ておこう。

4 図書館の事業効果

「最終フォローアップ報告書」では、各事業の評価の最後に、「計画終了後の状況（事業効果）」という項目がある。そのなかで、図書館の記述があるものを抽出する。自治体名に続く年表示は報告書が発表された年、③—①などの番号は、表3の掲載順である。

熊本市熊本地区二〇一二年（平成二十四年）③—①
「二〇一一年（平成二十三年）十月一日に情報交流施設「くまもと森都心プラザ」が先行オープンした。この結果、図書館の利用者等により歩行者通行量が増加し、熊本駅周辺のにぎわいが創出された」

藤枝市二〇一三年（平成二十五年）③—③

「更なる利用者の拡大を図るため、特色ある図書館を目指し、ビジネス支援事業等と連携し、ビジネス向けの本の陳列やビジネス支援員を配置していて、ビジネス利用者が増加している」

滝川市二〇一三年（平成二十五年）③—⑥
「商工会議所や各商店街との協働事業「まちなか情報コーナー」を設置し、それぞれの情報やイベント情報を発信するとともに、わたしのおすすめ「この一冊！」という月替わりで事業主のおすすめの本を紹介展示するなど、連携事業により街なかへの回遊性を高めている」

西条市二〇一四年（平成二十六年）③—⑨
「二〇〇九年（平成二十一年六月）のオープン後、二〇一四年（平成二十六年三月）に入館者数二百万人を達成しており、賑わいの創出が図られている」

北九州市（黒崎地区）二〇一四年（平成二十六年）③—⑪
「新たな都市機能としてホール・図書館、広場が整備されたことで、文化・教育を享受できるまちとしての新たなイメージが形成され、まちの魅力向上につながっている。また、コムシティ再生との相乗効果により南北方向の回遊性が向上した」

甲府市二〇一四年（平成二十六年）③—⑫

「基本的な図書館機能に加え、会議やイベントにも利用できるスペースが、有効に利用され、多くの集客を見せている。利用状況に大きな変化はなく、イベントスペース等の活用も活発なことから、にぎわいの拠点としての役割を果たしている」

塩尻市二〇一四年（平成二十六年）③―⑬
「「知恵の交流を通じた人づくりの場」と位置付け市民活動の場、ビジネス支援の場、子育て支援の場など多様な世代の交流の場として機能している」

米子市二〇一四年（平成二十六年）③―⑭
「二〇一三年（平成二十五年）八月完成後、図書館来館者数が前年度比で約一〇パーセント増加している」

白河市二〇一四年（平成二十六年）③―⑮
「中心市街地の核となる拠点施設が整備され、市民の生涯学習・文化活動による日常的な利用やイベント開催の機会が増えた他、地域交流、産業支援の各機能により、多様な目的による来街者の増加につながったことから、交流人口の増加に大きく寄与した」

田辺市二〇一四年（平成二十六年）③―⑰

「利用者は当初の見込みよりも大幅に増加するとともに、交流ホールの活用が活発に行われており、周辺の通行量は増加している」

北見市二〇一六年（平成二十八年）③―㉓

「中央図書館の一日平均入館者数は千三百九十五人となり、うち、徒歩や公共交通機関等の利用による来館者は五百九十一人（四二・四パーセント）と算定され、目標値より四百八十二人増加した。供用開始が二〇一五年（平成二十七年）十二月であったことから、歩行者通行量の測定に反映されていないが、来街者の増加に大きく寄与していると考えられる」

富山市二〇一七年（平成二十九年）③―㉕

「ガラス美術館では常設展や企画展が開催され、図書館本館では親子向けの行事や、学生向けの講座が行われるなど、気軽に集い、憩える施設として幅広い世代から利用されている。旧図書館の二〇一四年（平成二十六年）度入館者数二十二万五千五百五十人に対し、TOYAMAキラリの二〇一六年（平成二十八年）度入館者数は六十二万三千五百三十四人と、約三倍に増加しており、新しい賑わい拠点として地区全体の活性化の底上げにつながっている」

図書館、図書館を含む複合施設の事業効果は十二事業について記述があったが、「創出された」「高めている」「図れている」「向上した」「役割を果たしている」「機能している」など、すべてプラスの記述だった。その意味では、図書館に関する事業は効果があったことになる。

5 「最終フォローアップ報告書」のそのほかの記述にみる図書館

最後に、参考として「計画期間終了後の市街地の状況（概況）」などから、図書館に関するものを紹介しておこう。各記述の末尾に、括弧書きで該当項目を示す。基本的に事業を実施した市が項目の達成・未達などの理由を記述したものだが、市の見解もある。市名に続く年表示は報告書が発表された年、自治体名に続く③—①などの番号は、表3から表5の掲載順である。

熊本市熊本地区二〇一二年（平成二十四年）③—①
「情報交流施設の中で、特に図書館の利用者が想定以上に伸びた。その理由としては、熊本駅前という交通結節点に位置しており、立地条件が良かったことや、駅周辺地区にこれまでなかった大規模図書館が整備されたことにより、想定以上の利用者数の実績が上がったものと推察される」（項目「達成した（出来なかった）理由」）

滝川市二〇一三年（平成二十五年）③—⑥
「特に図書館移転事業については、利便性が飛躍的に向上したことから、六十代の女性や子育て世代の利用が増え、また、新たに整備した学習室により、学生の利用が増えるなど、着実にユーザーの裾野を広げている。また、図書館の利用者が他の施設や商店街に流れていることもあり、通行量の増加にも貢献している」（項目「計画期間終了後の市街地の状況（概況）」）

「賑わい創出については、（略）コミュニティ六施設の整備などにより、街なかの回遊性が高まり、中でも図書館は、「郊外から中心市街地への移転による利便性の向上」や「積極的なソフト事業の展開」により、リピーターが大幅に増加していることから、利用者数はわずか七か月程度で目標値に達し、最終値としても約一・七倍に達した。これは、歩行者・自転車通行量の増加に寄与していることはもちろん、「子ども読書活動優秀実践図書館」に選ばれ、文部科学大臣表彰を受けるなど、その取組においても非常に高い評価を得ている」（項目「活性化が図られた要因」（滝川市としての見解）」）

「〝郊外から中心市街地への移転による利便性の向上〟や〝積極的なソフト事業の展開〟などにより、利用者数が大幅に増加したことで、街なかの通行量にも大きく寄与している」（項目「達成した（出来なかった）理由」）

「これまで同様、商店街や各施設との連携を密にし、お互いの回遊性を向上させることで、一層の賑わい創出に繋げたい」（項目「図書館移転事業の今後について」）

塩尻市二〇一四年（平成二十六年）③―⑬

「都市機能が集約され交通の利便性の高い地区に整備し、午後十時まで開館していることもあり、従来の公共施設利用者に加えて若年層の利用者が大幅に増加したため」（項目「達成した（出来なかった）理由」）

米子市二〇一四年（平成二十六年）③―⑭

「図書館の改修においても市民展示ギャラリーコーナーを整備するなど、新たな交流人口増加の可能性が期待できるようになった。しかし、移動手段を自動車に頼る傾向が強く、まちなかを多くの人が徒歩で回遊するには至らなかった」（項目「計画期間終了後の市街地の状況（概況）」）

田辺市二〇一四年（平成二十六年）③―⑰

「また、従来から懸案となっていた老朽化した図書館と歴史民俗資料館の移転整備が完了し、平成二十四年二月四日にオープンした田辺市文化交流センター（たなべる）では、旧館の約四倍の来館者があり、当初の目標であった三倍の来館者数を大きく上回っている」（項目「活性化が図られた要因（田辺市としての見解）」）

「新たな文化施設と市民広場が完成したことにより、オープン以来、多くの来客で賑わっている。図書の貸し出しだけではなく、交流ホールにおいて、図書館利用者の作品展示を企画する等の取組が効果を上げている」（項目「達成した（出来なかった）理由」）

十和田市二〇一五年（平成二十七年）③―㉑

「(仮称）教育プラザが開館したことにより、子どもから高齢者まで多くの市民が気軽に足を運ぶようになり、今後の賑わい向上も期待できます」（項目「計画期間終了後の市街地の状況（概況）」）

北見市二〇一六年（平成二十八年）③—㉓

「複合交通・地域交流拠点では、中央図書館が平成二十七年十二月二十三日にオープンし、平成二十八年一月から三月までの来館者数が約九万八千人と前年同月期と比べ約四倍の来館状況となるなど、中心市街地への来街機会の増加が図られ、学生をはじめ市民の教養の場として多くの市民でにぎわっている」（項目「計画期間終了後の市街地の状況（概況）」）

「公共交通機関の利便性の良い中心市街地に立地したことにより、高齢者や学生が来館しやすくなったこと、また、蔵書数の充実や市民がゆっくりと滞留できる空間を確保し、魅力が向上したことにより、来館者数が見込みよりも増加したと考えられる」（項目「達成した（出来なかった）理由」）

岐阜市二〇一八年（平成三十年）③—㉘

「〈岐大跡地周辺〉つかさのまち夢プロジェクト事業により、市立中央図書館や市民活動交流センターなどからなる複合施設の「みんなの森 ぎふメディアコスモス」が平成二十七年七月にオープンし、開館後二年間で約二百五十万人が来館した。これらのことから、中心市街地に新たなにぎわいの拠点が形成されたと考えている」（項目「計画期間終了後の市街地の状況（概況）」）

安城市二〇一八年（平成三十年）③―㉚

「平成二十九年六月に中心市街地拠点整備事業によって整備された中心市街地拠点である公民複合施設「アンフォーレ」がオープンし、十か月で百万人を超える来館者が訪れたことから周辺における回遊性が向上し、歩行者通行量はアンフォーレオープン前後で大幅に増加した。アンフォーレ来館者を積極的に自店へ取り込もうとする動きが周辺商店街でも見られ相乗効果が発揮されつつある」（項目「計画期間終了後の市街地の状況（概況）」）

周南市二〇一八年（平成三十年）③―㉝

「基本計画の二つの数値目標「中心商店街等への新規出店数」及び「街なかの歩行者等通行量」は、定例時期の調査ではともに数値目標を達成できなかったが、その後、計画の核事業の一つである徳山駅前賑わい交流施設が平成三十年二月に開館した効果は大きく、開館後の三月の調査における数値はそれぞれ、百五十二店舗、三万三千二百六十八人と大幅な増加となった」（項目「計画期間終了後の市街地の状況（概況）」）

土浦市二〇一九年（令和元年）③―㉟

「駅前への市役所移転（新庁舎整備事業）や新図書館等の整備（土浦駅前北地区市街地再開発事業）などの効果により、平日・休日ともに歩行者交通量が増加し、駅前を中心に少しずつにぎわいが創られ始めている」（項目「計画期間終了後の市街地の概況」）

以上、十一計画あった。図書館に関わる事業は、プラスの評価がされていると見ることができる（十和田市は「期待」）。これは、図書館が単純に利用者を多く集める、ということだけでなく、サービス・事業を積極的に展開していることの反映でもある。

報告書の記述から積極的なサービス・事業展開がうかがえるのは滝川市に限られるが、熊本市熊本地区の情報交流施設くまもと森都心プラザ内の熊本市立くまもと森都心プラザ図書館、甲府市の山梨県立図書館、塩尻市市民交流センター内の市立図書館、岐阜市のつかさのまち夢プロジェクトで建設された「みんなの森ぎふメディアコスモス」、安城市のアンフォーレ内の市立中央図書館など、図書館の建築にも新しい試みに挑戦し、それを図書館サービス・事業でも積極的に活用していい効果をもたらしている。

6　中心市街地活性化事業検討のまとめ

これまで、中心市街地活性化事業を検討してきたが、ここでまとめておこう。

検討の目的

本書では、まちづくり三法に基づいて作成・実施されている中心市街地活性化事業に注目してみた。この事業は、中心市街地を再開発して、「様々な都市機能がコンパクトに集約した歩いて暮らせるまちづくり」を実現しようとするもので、まちづくりがテーマになっている。それも建設だけでなく、経済、福祉、教育、文化、環境など広い範囲を対象にしている。そのためか、図書館もかなりの数が計画対象になっている。この点に注目して、それらをリストアップして、まちづくりに関わる図書館について検討し、まちづくりに関わる図書館のあり方について考察する手がかりを得たいというものだった。

具体的な作業は、①中心市街地活性化基本計画で、図書館に関する事業とその事業全体のなかでの位置付けを明らかにする、②事業内容のうち、図書館の日常的なサービス・事業をリストアップする、③それらの評価、地域社会への効果などについて明らかにする、とした。

基本計画に見る図書館事業

図書館事業を計画しているのは、基本計画全二百五十のうち百三計画あった。それらには、図書館関連・類似のサービス・事業も含まれる。具体的には、八戸市（二〇一三年〔平成二十五年〕認定）の「本のまち八戸交流拠点形成事業」、鹿児島県奄美市（二〇一七年〔平成二十九年〕認定）の「人がふれあう「ゆてぃもーれ」」などである。奄美市の計画は、市民交流センターを整備し、そこに図書室も設置するという事業である。これらを第2章の表3から表5にまとめた。

百三計画の事業は百三十一あり、内訳は、①図書館建設・整備五十九事業、②図書館の運営・サービスおよびほかの施設などと連携・協力する事業六十二事業、③その他・類似事業十事業になる。

概要に記載された図書館事業の位置付け

概要に記載された主な事業について位置付けを検討した。

概要にある五十五の計画から事業の位置付けを、「にぎわいのある都市拠点の形成」（安城市）、「来街者で賑わうまち」（北九州市黒崎地区）などを「賑わい」に、「交流人口増」（石岡市）、「人が交流するまち」（宇部市）などを「交流を増やす」というように、集約してまとめてみると、①「賑わい」十七、②「交流を増やす」三、③「回遊性の向上」五、④「集う、活動、交流」五、⑤「訪れる、行きたくなる」十一、⑥「住みやすい等」十七、⑦「拠点づくり」三、⑧「学ぶ」二、⑨「その他」三、になる。

一つの計画に記載された図書館事業でも、位置付けが二つの場合もある。合計は六十六になった（詳細な基本方針では、「目標」の下に設定してある「個別目標」に位置付けられた図書館事業数はさらに多くなる。一つの事業でも、二、三の個別目標に位置付けられているものもある）。

位置付けでいちばん多いのが「賑わい」と「住みやすい等」の十七だった。①から⑤は人の集まり、移動、行動に関わるもので、これらを合わせると四十一になる。中心市街地活性化事業での図書館の位置付けは、人が集まり、移動、行動することに関するものが圧倒的に多い。ただし、集まる、移動するというのは、必ずしもすべて人が集って語り合ったり、ともに行動することを意味していないという点にも注目しておく必要がある。図書館は、人が来館することで、まちににぎわいをもたらすとも考えられているからだ。

また、「住みやすい等」でも、にぎわいと関係がないかというと、そうではない。基本計画で、図書館の事業が「住みやすいまちづくり」に位置付けられていても、それを実現する事業の個別目標には、まちににぎわいをもたらす目標が設定されているからだ。「住みやすさ」には、人が集い、人と人との親密な関係が必要だからだ。したがって、単純に前記の数値だけから、にぎわい、住みやすさなどの割合を測ることはできない点も注意しておく必要がある。

図書館に関する事業の内容

百三の計画で計画されている事業は、先に「基本計画に見る図書館事業」で触れたとおりだ。概要では、図書館建設・整備に関する事業が圧倒的に多い。それらは、ほとんどが図書館が複合施設に含まれるというものである。他方、概要には記載されていないが基本計画の本文にある事業では、図書館の建設・整備に関するものは少なく、サービス・事業に関するものが圧倒的に多い。そのなかには、読書の推進、ビジネス支援などのいわゆる地域の課題解決サービス、地域の組織、団体との連携など、多くのものが見られた。また、図書館に関わる住民活動、図書館を中心とした住民と図書館との協働のサービス・事業も見られた。

特に、既存の図書館のサービス・事業が基本計画に位置付けられているものを見ると、積極的に取り組むことで、まちづくり、地域の活性化に貢献しようとする傾向がある。それらの図書館は、計画策定以前から地域のなかで積極的なサービス・活動を展開し、図書館員の意識も高い。日常の図書館サービスでも、さまざまな工夫がなされている。私もそれらの図書館に一度は訪問していたり、図書館員の話を聞いたりしているところばかりだ。これらの図書館のサービスや活動、図書館員の意識の高さなどは、これからのまちづくりに貢献する図書館にとっても大いに参考になるものだ。

新設される図書館の構想・計画

中心市街地活性化事業で新設される図書館の構想、基本計画などでは、「まちづくり」に積極的に関わろうとする構想、基本計画は少なかった。せいぜい、滞在型図書館や人が集う、また地域の課題解決支援サービスに取り組むというものだった。豊橋市は、数少ない事例の一つである。二〇二一年現在開館準備中の図書館だが、ニュースなどからも、住民とともにまちづくりの一翼を積極的に担おうという姿勢がはっきり表れている。今後、大いに参考にすべき試みといえるだろう。

図書館に関する事業の評価と効果

図書館に関わる事業評価を、「最終フォローアップ報告書」で検討した（表7）。「最終フォローアップ報告書」で図書館に触れた計画と事業は、基本計画が二十四、事業は二十四だった。このうち、玉野市は開館が計画期間終了後だったので検討の対象から外し、二十三事業を検討した。二十三事業の目標設定数は、合わせて三十一になる。二十三事業の内容は、図書館の建設および建設関係が十九、施設の利用および利用促進が二、イベントの実施が一、複合施設内の店舗などとの連携事業が一である。三十一の目標のうち、達成は二十、未達成は十一だった。

未達成になった理由には、事業が縮小した、または基幹店舗が撤退した、歩行者量などの調査地点が適当でなかった、新型コロナウイルス感染拡大の影響で閉館したなど、やむをえない事情で達成しなかったものがある。だが、達成していなくても、図書館に対する評価は高い。

図書館の経済的な波及効果が具体的な数値でわかるものは、北九州市黒崎地区だけだった。目標設定額は三千百万円だったが、開館後、実際数値は二億一千六百万円と六・九七倍になっている。

事業効果を具体的な記述で見ると、以下のようになっている。

前節同様、市名に続く年表示は報告書が発表された年、自治体名に続く③―①などの番号は、表3から表5の掲載順である。

熊本市熊本地区二〇一二年（平成二十四年）③―①　図書館の利用者などにより歩行者通行量が増加し、熊本駅周辺のにぎわいが創出された。

滝川市二〇一三年（平成二十五年）③―⑥　連携事業により街なかへの回遊性を高めている。

西条市二〇一四年（平成二十六年）③―⑨　にぎわいの創出が図れている。

北九州市（黒崎地区）二〇一四年（平成二十六年）③―⑪　文化・教育を享受できるまちとしての新たなイメージが形成され、まちの魅力向上につながっている。また、南北方向の回遊性が向上した。

甲府市二〇一四年（平成二十六年）③―⑫　多くの集客を見せている。にぎわいの拠点としての役割を果たしている。

塩尻市二〇一四年（平成二十六年）③―⑬　多様な世代の交流の場として機能している。

米子市二〇一四年（平成二十六年）③―⑭　図書館来館者数が前年度比で約一〇パーセント増加している。

白河市二〇一四年（平成二十六年）③―⑮　交流人口の増加に大きく寄与した。

田辺市二〇一四年（平成二十六年）③―⑰　周辺の通行量は増加している。

北見市二〇一六年（平成二十八年）③―㉓　来街者の増加に大きく寄与していると考えられる。

富山市二〇一七年（平成二十九年）③―㉕　新しいにぎわい拠点として地区全体の活性化の底上げにつながっている。


図書館はまちのにぎわいに貢献していると評価されているところが多かった。目標設定以外の事業概況に関する記述でも、プラスの評価を得ている。公共施設のなかでは日常的に人を集めているのは図書館がいちばんといえるだろう。さらに、人が集う空間を整備してサービスを実施していると、効果が一層高まっていると推測できる。しかし、高い視点から見ると、図書館がまちづくりに関わるのはこれからだろう。特に、ソフトなサービス・事業の取り組みが少ない。

まちづくり、中心市街地活性化事業のなかの図書館は、全体として非常に高く評価されている。この点、図書館界はもっと自信をもって、積極的にサービス・事業を展開し、その成果を積極的にアピールし、その効果を目に見えるように図や動画などで示すことも必要だろう。

図書館は、まちづくりに貢献する潜在能力をもっている。また、日常的なサービス・事業のなかで意識的に地域との関係をつくり、地域の住民、団体、施設などと協力・連携することで能力が発揮され、まちづくりに貢献できると思われる。次に、そうした点について検討することにしたい。

注

(1) アメリカの図書館の経済的な波及効果などについて、池内淳が国立国会図書館の「カレントアウェアネス・ポータル」で「CA1627- 動向レビュー──図書館のもたらす経済効果」という報告をしている。そこで池内は、「1. はじめに」で、「近年、とくに海外において、図書館のもたらす経済効果への関心が高まっており、「費用便益分析(Cost Benefit Analysis: CBA)」や「投資対効果(Return on Investment: ROI)」に関する調査事例が相次いで公表されている」として、その背景として「まず、第二次大戦後、増大の一途をたどった公共部門の肥大化の抑制と、公共サービスの非効率性を改善しようとする、一九八〇年代以降の先進諸国における種々の試み(ニューパブリックマネジメントなど)を想起することができる。また、情報環境の大きな変化と、逼迫した財政状況のなかで、あらためて、公共図書館の存在意義を確立するために、地域社会への貢献度を経済的観点から論証することの重要性が高まってきたものと推察される。/さらに、政府や自治体による財政支出の妥当性や健全性に対する市民の関心の高まりから、相次いで、行政評価の実施や情報公開制度が確立されるとともに、「アカウンタビリティの時代」ともいうべき時代の風潮が存在することも指摘されるだろう」と指摘している(「カレントアウェアネス・ポータル」[https://current.ndl.go.jp/ca1627][二〇二一年三月三日アクセス])。

第5章　まちづくりから「成熟社会」のなかの図書館へ

1　まちづくりに取り組む図書館へ

まちづくりは、公共図書館にとってひとつの大きなテーマだ。なぜなら、公共図書館は地域住民が出資した資金（公立図書館は税金、それ以外の図書館は出資金など）を財源につくられ、運営されているからだ。当然、その目的は、地域住民の広い意味での福祉の向上に役立つこと、わかりやすくいえば、住民の生活や仕事に役立つことと地域社会に貢献することである。それは、図書館が収集した資料や情報の活用を通しておこなわれる。したがって、住民、自治体が協同で取り組むまちづくりは、図書館にとっても取り組むべきテーマの一つであって、それはいつの時代でも変わらないものといえる。しかし、まちづくりに取り組もうという意識が日本の図書館界に希薄なのは、不可解といわざるをえない。図書館の設置の目的から、いま一度見直したほうがいいのではないか。

図書館は住民自治の施設の一つである、というところからだ。

ともあれ、図書館にとってまちづくりに取り組むのはひとつのテーマだから、それぞれの地域の実情に即して、サービス・事業を提供しなければならない。

それらは少子・高齢化、人口減、低成長という枠組みの来るべき社会のなかで、図書館のあり方を探るために欠かせない取り組みでもある。来るべき社会とは成熟社会ともいわれ、「諸種の制度や施設が整備されて安定した状態にある社会」でもある。低成長、少子・高齢化、人口減は、基本的に「安定した状態」の社会の枠組みだが、日本では、解決すべき多くの問題を抱えた社会にもなるだろう。また、地球規模の問題もある。ある意味で、困難な時代ともいえそうだ。

成熟社会では、自治体ごとに地域の実情に合わせた図書館のあり方を探求することが求められる。その意味で、地域の実情、住民の状況を把握するには、地域との関係の構築、深化が必要になるし、地域住民が取り組んでいるまちづくりを学ぶことで、図書館も今後来るべき成熟社会でのあり方を探ることができる。

図書館に関わっていると、図書館が自治体の政策や計画になかなか取り上げられないことを嘆く職員に出会うことがある。そうした職員が働いている図書館のウェブサイト、方針、構想、計画などを見ると、政策や計画に取り上げるほどの魅力がなく、およそ興味を掻き立てられそうもないものが多い。だから、地方議会の議員の関心を引くこともない。なぜ、魅力に乏しいアピールしかできないのか。それは依然として「資料提供」をメインとした業務に専心するあまり、地域社会、住民の生活や仕事、商業など地元の産業との関係が希薄だからだ。ウェブサイトに限らず、そのような図書館が発行する構想、計画、事業概要などには、地域社会の実情や地域住民の要望とも積極的に協同し連携しようとする情熱が感じられない。収集した資料・情報を活用してもらおうという意欲も感じられない。さらに悪いことに、図書館員に自館のコレクションに対する誇りがない。

少ない資料費でも、工夫してよりよいコレクションを構築する。それらをできるだけ多くの住民に活用してもらうのが図書館だ。どこの図書館に行っても、小規模な施設であっても、本棚を見ていくと、これはいい本だとか、いい資料だというものに出合うことがある。それがいい図書館だ。建て替え前の小さな佐賀県武雄市立図書館でも、公民館の二階の伊万里市民図書館でも、そうした本と出合った。それはいまでも覚えている。できたばかりの徳島県立図書館で講演した帰りに立ち寄った徳島市立図書館でも、何冊もの本と出合った。これも昔の話だが、北海道函館市立図書館の海が見えるバルコニーがある二階の部屋で、図書目録をめくって本を探したときの感動を、いまでも覚えている。明治末から大正期の創立当時のコレクションだったが、実にすばらしいものだった。

図書館は、地域の住民の生活や仕事、また地域社会に貢献できることを自覚し、率直に表明したほうがいい。

また、図書館のサービス・事業が住民の生活や仕事に役立っていること、地域社会に貢献していることを、目に見えるように示すことも必要だ。

2　図書館のサービス・事業と地域

まちづくりに関わる図書館の出発点は、地域との関係だ。地域との関わりにはさまざまなものがある。図書館はまず、日常的なサービス・事業を通して地域との関係をつくる。

北海道滝川市立図書館のリーフレットは、地域との関わりをよく示している。ここでは、滝川市立図書館のリーフレットの記載内容をみていこう。以下に示すのは、項目だけを文字データとして書き出したものだ。実際のリーフレットには、各項目に関係した組織・団体が記載されているが、ここでは「つながる行政」「つながる地域」の箇所を例示しておくにとどめた。

つながる！ひろがる!!げんきな図書館　北海道滝川市立図書館

基本コンセプト

出会いといのちの森・図書館

★子ども図書館　★情報図書館　★市民協働

キーワードは「連携」

つながる行政
○行政情報コーナー・行政資料コーナー
○パブリックコメントの設置
○イベント・展示でのコラボ
○広報誌の特集展示（継続）
○税の相談会や確定申告会場での待合本貸出
○夏休みまるごとたきがわ！まなび体験スタンプラリー
○たきがわDE調べる学習体験講座
つながる医療関係
○検診待合時の本の展示・チラシ配布
○出張おはなし会
○イベント・展示でのコラボ
○しおり作成
○声の広報・音訳テープ
○そらぷちキッズコーナー・健康情報コーナー
つながるまちなか
○展示「まちなかコンシェルジュ」
○取材した個店をファイル化

○書店員・図書館司書の読書感想文におすすめの本のチラシとコーナー設置のコラボ
○出版社とのイベントに合わせた書店での販売コーナーの設置
つながるメディア
○FM出演と展示
○パーソナリティのおすすめ本
○「今日は何の日」の掲載と展示
○プレス空知新年号「司書のおすすめ本」
○プレス空知「絵本DEビブリオバトル」
○イベント・展示でのコラボ
○トークイベントの開催
つながる地域
○雑誌ささえ隊
○地域文庫
○イベント・展示でのコラボ
○古本もってけ祭
○夏の「こわ〜い」おはなし会&きもだめし
○出張おはなし会
購入雑誌：百二十五誌、雑誌ささえ隊：七十三誌（五八パーセント）＊年間約六十万円分

の軽減
　百冊毎表彰：三百九十一人、教育長表彰（五百冊以上）：十二人、最多読破：千冊（五人）
つながる学校・幼稚園・保育所・学童連携
○図書館学級文庫
○読書支援
○調べ学習支援
○学校図書館運営支援
○授業支援
○読書アルバム
○まごころ本箱はこぶっく
○イベント・展示でのコラボ
○出張おはなし会
つながる番外編
来館者百万人記念絵本作家原画展
全国BOOKセラピーネットワーク全国三十カ所の図書館とコラボ！
平成二十三年十一月から独自のテーマ別配架スタート!!
　①ゾーンによるテーマ別配架　NDC（日本十進分類法）順ではない
②児童書・一般書を混在（一部を除く）

まちの元気を創る場が図書館
もちろん、困った時にも図書館は寄り添います！
災害時には率先して市民をサポート！

図書館に来たらいつもワクワクすることが待っている！！！
①職員が仮装する図書館
②楽しめるしかけや展示

各項目に関係の組織・団体をリストアップしている。「つながる行政」「つながる地域」を例として示しておく。

つながる行政
■企画課■くらし支援課■まちづくりセンター■市民課■税務課■福祉課■介護福祉課・地域包括支援センター■子育て応援課・子育て支援センター・ファミリーサポートセンター■健康づくり課■産業振興課■農政課■観光国際課■都市計画課■水道企業団■議会事務局■選挙管理委員会■学校運営課■教育総務課■教育支援センター■社会教育課■美術自然史館・こども科学館・郷土館■中央老人福祉センター■空知総合振興局■滝川保健所■滝川税務署■滝川税理士会■滝川地方法人会■明るい選挙推進協会■自衛隊滝川駐屯地■郵便局■ＪＲ北海道滝川駅■ハローワーク滝川■中

空知広域市町村圏組合■滝川国際交流協会■滝川市体育協会■滝川市B&G海洋センター■滝川地区地域防災施設（川の科学館）■滝川スカイスポーツ振興協会■滝川市消費者センター■滝川消防署

つながる地域

■企業■団体・サークル■町内会連合会■国際ソロプチミスト滝川■生涯学習振興会■滝川ロータリークラブ■滝川青年会議所■青少年育成会■高齢者施設■児童館■観光施設■ゴルフ場■街なかひろば■お寺■歯科医院■新聞販売所■自動車学校■おやこ劇場■就労支援施設■滝の川に地域食堂をつくる会■消費者センクー■そら地域活性化ネットワーク■野鳥の会■江部乙まちづくりコミユニティ行動隊女子部■日本ハムファイターズ■江部乙丘陵地ファンクラブ

滝川市立図書館はさまざまなサービス・事業で、地域との関わりをもっていることがわかる。

滝川市立図書館は、中心市街地活性化事業（基本計画二〇〇八年〔平成二十年〕認定）で郊外から市役所庁舎内に移転したもので、充実したサービス・事業が地域から評価されている。また、職員に活気があることも、図書館の大きな魅力になっている。魅力がある図書館は、図書館員の熱意とやる気で成り立っていることを納得させられる事例だ。

図３　滝川市立図書館リーフレット
（出典：滝川市立図書館〔https://lib.city.takikawa.hokkaido.jp/〕［2021年1月30日アクセス］）

ストックマネジメントの観点からも注目！
移転に係る費用は
1億8千万円
※内、市の持ち出しは
5千5百万円！！
財政に負担をかけない移転
全国でもめずらしい
既存の市役所に移転
□つながる行政
○行政情報コーナー・行政資料コーナー
○パブリックコメントの設置
○イベント・展示でのコラボ
○広報誌の特集展示（継続）
○税の相談会や確定申告会場での待合本貸出
○夏休みまるごとたきかわ！まなび体験スタンプラリー
○たきかわDE調べる学習体験講座
■企画課
■税務課
認知症
□つながる医療関係
○検診待合時の本の展示・チラシ配布
○出張おはなし会
○イベント・展示でのコラボ
○しおり作成
○声の広報・音訳テープ
○そらぷちキッズコーナー・
健康情報コーナー
■保健センター　■滝川保健所　■市立病院
■高等看護学院　■民間病院
■こども発達支援センター　■馬酔木の会
■そらぷちキッズキャンプ　■障がい者施設
■滝川市婦人ボランティアクラブ
北海道
たき　かわ　し　りつ
滝川市立
□つながるまちなか
○展示「まちなかコンシェルジュ」
○取材した個店をファイル化
○書店員・図書館司書の読書感想文におすすめの本のチラシとコーナー設置のコラボ
○出版社とのイベントに合わせた書店での販売コーナーの設置
■商工会議所
■商店街連合会
■各個店
■産業振興課
■TSUTAYA滝川店
○FM出演と展示
○パーソナリティのおすすめ本
○「今日は何の日」の掲載と展示
○プレス空知新年号「司書のおすすめ本」
○プレス空知「絵本DEビブリオバトル」
○イベント・展示でのコラボ
○トークイベントの開催
□つながる番外編
来館者100万人記念
絵本作家原画展
全国BOOKセラピーネットワーク
全国30ヵ所の図書館とコラボ！
「全国図書館☆
展示ネタバンク！！」
始めました！！
寄付・寄贈
平成29年度340万円相当
平成30年度680万円相当
連携先
展示
図書館の森へ
ようこそ!!
平成23年11月から
独自のテーマ別配架スタート!!
①ゾーンによるテーマ別配架
NDC（日本十進分類法）順ではない
②児童書・一般書を混在（一部を除く）

3　集い、活動・創造する図書館へ向けた考え方

人々が集い、活動し、創造する図書館へ向けた考え方を検討・整理しておく必要がある。考え方を大きく分けると、次の五つである。

①人が集う図書館
②図書館の空間構成
③図書館を設置する場所
④調べるサービスの充実
⑤図書館で学ぶについて

図書館は①から⑤について考え方をまとめたうえで、まちづくりに取り組む必要がある。

例えば、人が集う図書館でなければ、住民が資料・情報を活用してまちづくりに取り組むことが十分にできないからだ。しかし、図書館に〈人が集う〉ことは、中心市街地活性化基本計画や事業の最終報告書のなかでも、図書館の基本的なサービスではないとされているようだし、同様の考えは、日本の図書館界では広く行き渡っていることでもある。図書館は静かにするところだというのが、行政や図書館界の共通理解だ。

学校図書館や大学図書館では、アクティブラーニングの基盤とするという考え方が生まれ、従来

の図書館とは変わりつつある。例えば大学図書館では、ラーニングコモンズを設置して図書館の資料・情報を活用し、ともに学ぶ、研究するという理解が広がりつつある。

私は、人が集うサービス・事業は、図書館の基本的なサービス・事業の範囲に含まれると考えている。以降、順次考えていこう。

人が集う図書館

①考え方

図書館に人が集うことは、いままでの日本の図書館に関する考え方からは、特別なことに思われてきた。先に触れたように、中心市街地活性化基本計画のいくつかにみられるようなものは、基本的な図書館のサービス・事業ではないという理解である。この考えは、図書館員の間でもかなり一般的である。

中心市街地活性化基本計画では、図書館に関する事業は、まちににぎわいをもたらすことが期待されている。図書館に人がたくさん訪れる。人が訪れること自体が、まちに一定のにぎわいをもたらす。歩行者が多くなる、通行量が増える、まちを回遊する人が多くなるものの、その影響はわずかだ。もっと積極的な取り組みが必要だ。図書館に人が集うことで、にぎわいをより豊かなものとして、その成果を地域にもたらすことができるようになる。

まず、資料・情報と人との関わりから考えてみる必要がある（以下、本に象徴されるような印刷された各種資料と、アクセスできるネットワーク上のデジタル化資料、商用オンラインデータベースなどの情報源を、まとめて〈本〉と表す)。

②本に関わる人の行為

〈本〉に関わる人の行為は、読む、学ぶ、調べる、本を仲立ちとして語り合う、などである。少し丁寧にみていこう。

〈本を読む〉では、静かに一人で読むから始まって、声を出して読む、人に読んでやる、読み聞かせをする、読んだ感想などを語り合う、読んだことに基づいて意見を述べる・文章を書く、書いたものを読み合って批評する、などである。本を読むことを通して、人は交わる。

〈本で学ぶ〉では、一人で学ぶから始まって、みんなで学ぶ、学び合う、みんなで話し合い・経験を持ち寄ってレポートをまとめる(アクティブラーニング、協働学習)、本に書いてあることを確かめるために実験する、地域を歩いて調べる(コミュニティーラーニング)、みんなで実験や調べた結果をまとめて発表する、などである。一人で学ぶ以外に、人とともに学ぶことは日々経験していることで、むしろみんなで学んだほうが成果が上がることが多いし、新しい学習指導要領(二〇一七年改訂)では、ともに学ぶ形式の「アクティブラーニング」「協働学習」「コミュニティーラーニング」を取り入れている。こうした学習を進めるために、学校図書館はその基盤になることが期待されている。これは、大学図書館にも公共図書館にも当てはまる。

〈本で調べる〉では、一人で静かに調べる、グループで手分けして調べる、調べたことを突き合わせて話し合いまとめる、などである。これもまた、〈本で学ぶ〉と同様に、グループで調べることは、学習指導要領では積極的に取り組まなければならないことになった。

住民が、本や新聞・雑誌を机の上に広げて、商用オンラインデータベース、ネット情報源などを参照しながらじっくり調べることができるのは、図書館だけだ。図書館で仲間が集まり、それらを活用して調べることができるようになる。こうした環境を整えることは、地域社会にとって必要なことといえる。

〈本を仲立ちとして語り合う〉ことで、人と人がつながり、集い、新しい知と活動を生む。本を仲立ちとして、人と人の対話が始まる。対話が、ともに学ぶ、ともに調べるへと発展していく。図書館で人々が集い、交流を通して新しい知を生み、それが地域にもたらされる。

本は人との出会いの機会を生み、仲立ちに語り合う機会をつくり、人を交流させ、結び付ける。新しい知と活動を生む。職場や地域で新しい活動が生まれる。特定のテーマや事柄に関心がある人たちの「コミュニティー」ができる。「コミュニティー」は図書館で調べたことを生かして活動する。

本は、人を触発する。本が人と人を触発する。本が個人を触発するところから始まり、人と人をつなげ、その関係性は地域社会へと広がっていく（図4を参照）。

図書館は本を活用するための施設である。だから、図書館で本を活用するために人が集い、活動するというのは特別なことではなく、ごく自然で当たり前のことである。だから、人が集い、活動するための支援サービス・事業は、資料の提供や貸出と同様、図書館の基本的なサービス・事業の一つである。長年、この点が見過ごされてきたことが、日本の図書館の活動を狭め、貧弱なものに

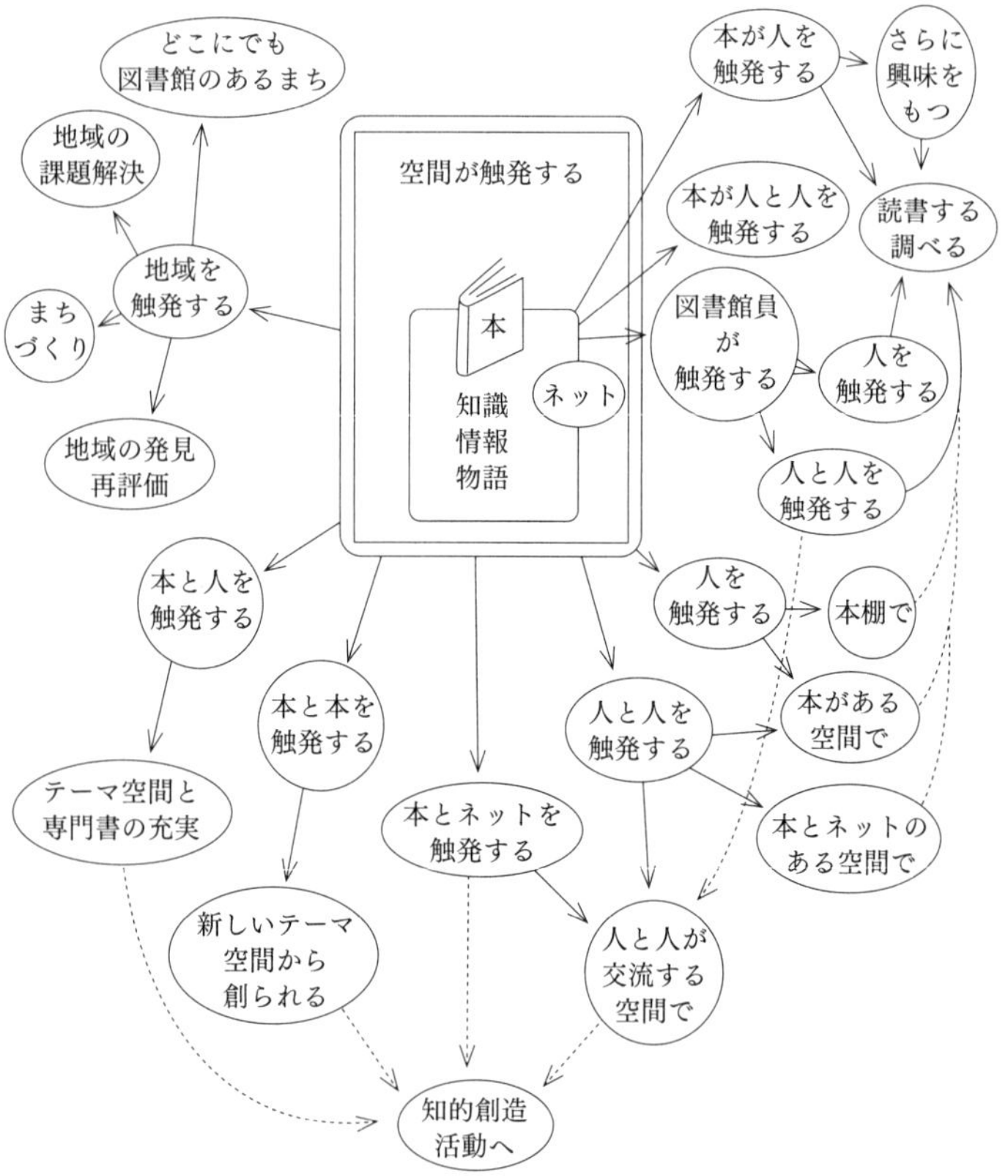

図４　触発する図書館のイメージ
（出典：大串夏身／鳴海雅人／高野洋平／高木万貴子『触発する図書館――空間が創造力を育てる』〔青弓社、2010年〕に掲載した図を一部修正した。）

してきたし、図書館員の仕事の範囲を狭めてきた。その結果、図書館の社会的役割を不明瞭なものにしてきたともいえる。

日本で平仮名、片仮名交じりの文書が増加するのは、中世（十二世紀の鎌倉幕府の成立から十六世紀の室町幕府滅亡まで）からである。このころには、庶民階級であっても平仮名の判読ができる者も増えてきている。また、貴族に代わって力をつけてきた武士が地域社会を支配するようになって、日本での新たな知的な生産活動が始まる。安土桃山時代には、戦国大名がそれぞれの領地で治水工事や新田開発をおこない、楽市・楽座などの商業政策で経済活動を自由化し、交通も関所の廃止などで自由に往来できるようになった。こうして活発な商業活動がおこなわれるようになったから、度重なる戦乱で荒廃した農村も安定を取り戻すようになった。

歴史の流れをみても明白なように、現在の日本の図書館は明治以降の近代主義的な機能主義、すなわち、図書館の役目は資料を提供するのが第一であって、ほかは付随的なものだという考えから抜け出せていない。これは古来、連綿と続いてきた日本の知的資料を生かし、現状の問題解決や生計に役立て地域共同体の発展を図り、さらにそこから得た知見を記録に残して後世に伝えるという伝統から最も隔たった施設になってしまったとはいえないだろうか。

もちろん、現代は、コンピューター情報通信ネットワークを通じて情報空間が地球規模で拡大し、あらゆる進歩のスピードは中世期とは比べようもないくらい速い。社会を取り巻く状況も複雑化していて、日本だけではなく地球規模で対応しなければならない問題もある。地球規模の情報空間のなかで、人と資料・情報の関係を考察する必要があるし、知的な創造空間の再構築が必要になっていることも付け加えておきたい。

図書館の空間構成

①三つの空間

以上のことから、図書館には三つの空間が必要だ。

つまり、一人で静かに本を読む、調べる、学ぶ空間と、人が集う空間、人の声やまちの音が流れ込む空間＝中間的な空間だ。それを図示すると図5のようになる。

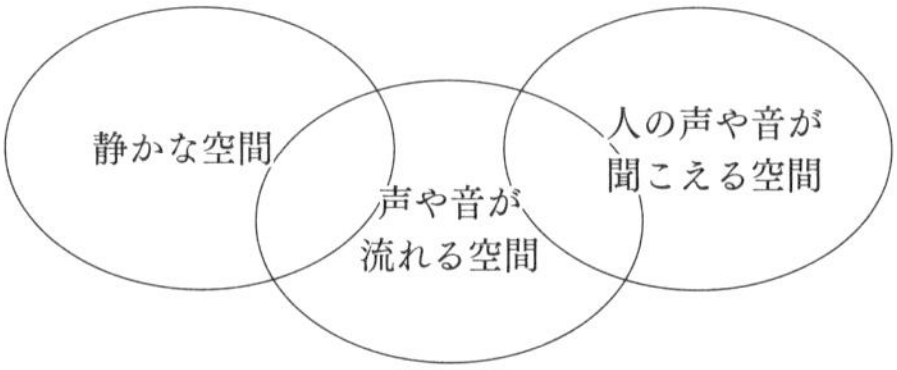

静かな空間	人の声や音が聞こえる空間
一人で静かに本を読む	読んだ本について語り合う
本で学ぶ	本でともに学ぶ
本で調べる	本でともに調べる
	調べたことをまとめる・発表する
	本を仲立ちにして交流し、活動する

図5　図書館に必要な３つの空間（筆者作成）

しかし、日本では、こうした空間をもたない図書館が多い。一九七〇年代以降につくられた図書館には、「人の声や音が聞こえる空間」は必要ないと考えられ、設けられなかったところが多い。東京の五〇年代につくられた図書館には、必ずオープンスペースが設けられ、視聴覚室なども設置されている（東京都板橋区のように、この空間構成を堅持している自治体もある）。七〇年代につくられた図書館でも同様の空間構成をもつ図書館はあったが、オープンスペースや多目的室はその後、本棚に転用されてしまったところもある。これは、図書館のサービス・事業にも影響を及ぼしている。

また、図書館では静かにするところだという理解も一般的に浸透していて、「人の声や音が聞こえる空間」は必要がないとされてきた。さらに、図書館は静かなところにあるのがいいとされ、都市計画では、図書館の設置場所に都市公園が推奨されてきた。つまり、空間構成に対する考え方は、図書館の設置場所についても影響を及ぼしている。

②カウンターの位置など

図書館の空間構成では、カウンターの位置の問題もある。これは特に、質問・相談カウンターを置く場所、それとの関連で、レファレンスブックを置く場所、また、検索機器を置く場所、雑誌・新聞コーナーの設置場所、ブラウジングコーナーの設置場所、児童室、中高生（ヤングアダルト）の本の設置場所なども問題があるところが多い。これも、一九七〇年代からの図書館建築の問題を引きずっていて、図書館のイメージの形成にも影響を及ぼしている。

図書館の入り口からすぐ見えるところにレファレンスブックの棚があり、相談カウンターがあれば、来館者に図書館は調べるところだというイメージをもたせることができる。そうなれば、何かあれば図書館員に尋ねるようになる。

日本の図書館の多くは、レファレンスブックは奥まったところに置かれ、相談カウンターは館内を探さなければ見つからないようなところにある。

私は大学で長年、レファレンスサービスと情報サービスについて講義をしてきたが、学生から「どこの図書館でも質問・相談、回答サービスをするのか」という質問を毎年受けたし、「やっているはずだ」と答えると、「知らなかった」という反応が返ってくることはたびたびだった。広島での講習では、受講生からのレポートで、「小さいころから長年図書館を使ってきたが、そうしたサービスをしているのを知らなかった」というものがあった。図書館名を聞いて行ってみたところ、質問・相談、回答カウンターは、一階建ての建物のいちばん奥まったところにあった（現在、この図書館は、中心市街地活性化事業で移転して新しい複合施設のなかにある）。

③複合施設のなかの図書館

また、複合施設内の問題もあり、これは、これからの施設建設全体の流れでの問題と施設内の問題と二つである。これからの施設建設全体の流れでは、図書館単独施設建設は数が少なくなって、複合施設内に置くケースが圧倒的に増えるだろう。

複合施設内に置くケースでは、ほかの施設との関係が生じる。各施設が相互に連携することで相乗効果を生み出すことが期待される。また、それによって、施設の外に対してもいい効果を生むことも期待される。

その事例を、岐阜県中津川市中心市街地活性化事業の「中心市街地活性化拠点施設（仮称）市民交流プラザ整備実施計画（案）」（二〇二〇年〔令和二年〕認定）でみてみたい。

まず、「中心市街地活性化への外的効果」については、「効果的に市民を集めることができる複合施設の周辺には新たに多種多様な商業店舗の参入などが促進される期待もあり、中心市街地の魅力や利便性、住みやすさが高まることで、将来の居住人口の増加を図り、中心市街地の活性化につなげることが期待され」、「施設内の効果」としては、「①広告的効果、②立ち寄り効果、③タイアップ効果、④ショーウインドウ効果」が期待されるという。

さらに、施設内の個々の施設間の効果としては、以下のものが期待されている。

この施設では、子育て支援、市民交流機能、学び機能、観光機能の四つの機能をもつ施設を予定している。図書館は、学び機能に該当する。

「子育て支援機能」と「学び機能」の関係→子育て支援と児童図書コーナーや読み聞かせなど学びのサービスが連携することにより、幼少期における学習環境の充実が図られ、子育て世代や子育てを応援する人とのふれあい、助けあいと多世代交流など有意義な時間の過ごし方を数多く見出すことができます。

「市民交流機能」と「学び機能」の関係→本や情報を積極的に活用した新しい市民活動の展開が期待されるとともに、市民の生涯学習への意識の醸成や水準の向上につながります。

「観光機能」と「学び機能」の関係→歴史、伝統、文化などの地域資源に関する様々な図書資料を収集し、情報発信や活用することにより、未来に向けた地域資源情報の蓄積と市民や利用者の深い学びや地域に対する理解、関心が高められます。

（中津川市「中心市街地活性化拠点施設（仮称）市民交流プラザ整備実施計画（案）」〔https://www.city.nakatsugawa.lg.jp/material/files/group/4/seisaku_20191223_siryou2.pdf〕［二〇二一年三月三日アクセス］。原本では、関係は「×」として表記されていたが、「と……の関係」という言葉に置き換えた。）

既存の複合施設のなかには、施設同士でスムーズな連携ができないものもある。私が見た光景を紹介しよう。

ある市の図書館を視察に行ったときのことだが、その建物では保健所と同じ階に図書館があった。検診などで保健所を訪れた保護者と幼児が図書館の前まで来ても、ガラス越しに図書館を見て立ち寄らずに帰ってしまう。よくよく見てみると、どこにでもある図書館の空間構成で、入り口を入ってすぐの新聞・雑誌が並んでいるブラウジングコーナーでは、大人が新聞や雑誌を読んでいる。何となく雰囲気が悪い。ガラス越しにのぞくと入り口近くの貸出カウンターの奥に絵本などが並んでいる本棚が見えるのだが、みんな図書館のなかには入らず帰ってしまう。これは、入り口近くのブラウジングコーナーが問題だと思った。さっさとやめてしまって、ここは絵本などのコーナーにして、読み聞かせなどできるようにしたほうがいい。入り口近くに新聞・雑誌を並べたブラウジングコーナーが必要なのかどうか検討すべきだろう。

私は東京都板橋区高島平図書館（一九八一年〔昭和五十六年〕開館）の設計に関わったことがある。そのとき、入り口近くにはレファレンスブックの本棚を置いて調べものができるようにして、近くに質問・相談、回答カウンターを置くことを提案した。設計担当の建築家も私の提案を入れて図面を作った。

すでに東京都大田区立図書館でそのような空間構成になっていて、住民の質問・相談件数が多く寄せられるなど実績を上げていた。だから、大田区立図書館の実例をあげて提案した。図書館は仕事や生活に調べるところというイメージを区民にもってほしかったということもある。

ところが、板橋区は入り口近くに新聞・雑誌を並べ、雑誌の表紙が外から見えるようにすることを要求してきた。理由がわからず、日本図書館協会に聞いたところ、図書館は従来古い本があるところというイメージがあって、それを変えるために入り口近くに雑誌を並べて外から見えるようにしているのだという回答だった。唖然としたが、区側の要求どおりになった。

最近、既存の図書館が改修の際に、質問・相談カウンターを入り口近くに移す事例が出てきたが、いい傾向だと思う。事例として東京都杉並区立中央図書館がある。二〇二〇年の改修で、質問・相談カウンターを含む参考図書室を二階から一階に移した。「YouTube」に杉並区立中央図書館の動画があるので参照されたい[1]。なお、二階には、改修で「調べもの、会議、ワークゾーン」「調べものゾーン（学習スペース）」を新たに設けている。改修前と後の平面図は、山本あけみの公式ブログに掲載されている[2]。

ともあれ、図書館も現状に満足したり諦めたりするのは早計である。運営者、そこで働く職員、館を利用する住民の意見、専門家の助言なども参考に、空間構成の問題点を洗い出して、相乗効果が生まれるように努力すべきだろう。

図書館を設置する場所

図書館は、便利で、多くの人が集う中心市街地につくるべきである。図書館の入り口から、まちのにぎわいの音が流れ込むような場所が望ましい。こうした考えは、IFLA（国際図書館連盟）

の『公共図書館ガイドライン第2版』でも表明されている。つまり、「図書館の建物は、図書館以外の地域社会の諸活動の場、例えば商店街や文化的施設が集まっている場所、交通の要衝付近に立地すべきである」という考えである。

より多くの人に活用してもらうことによって、図書館の機能は発揮されるし、社会的な役割も果たすことができる。都市にもたらす影響について、『公共図書館ガイドライン』では「十分に利用されている公共図書館は、都市部の活力に大きく貢献して」いると指摘する。より多くの人にさまざまに活用されれば、地域への経済的な波及効果も生まれる。投資効果という点でも、中心市街地にあったほうが効果がある。

また、IFLAの『公共図書館ガイドライン』では図書館建築について、「可能な限り地域社会の利用、たとえば集会や展示会のために利用できるスペースを備えなければならないし、建物がいくらか大きい場合には、演劇や音楽、視聴覚およびその他のメディアを利用する公演や演奏に使える施設・設備をもたなければならない(3)」とも述べている。また、「地域社会の大小のグループが会合をする部屋:その部屋は、図書館が閉まっているときでも使えるように、手洗いや出口への通路は別個に設けられなければならない(4)」とも指摘している。これらは、これからの図書館を建設あるいは移転しようとする自治体や図書館では、十分に検討の対象にすべき事柄といえるだろう。

［**補・都道府県立図書館の設置場所**］

都道府県立図書館は、地域の実情を踏まえて、中心市街地、できれば県庁所在地の中心市街地に設置すべきである。一九七〇年に東京都は「図書館政策の課題と対策――東京都の公共図書館の振興施策」(図書館振興対策プロジェクトチーム)という図書館政策の文書を発表した。これが発端になって、都道府県立図書館第二線論(都道府県の中央図書館は、市町村の図書館サービスを支援する役目に徹すればいいとして、貸出サービス、児童サービスなどの直接サービスが撤退するという考え方)が支持されるようになり、一部県の中央図書館は郊外に移転した。私は、高知県、鳥取県、山梨県、群馬県、沖縄県、神奈川県などの県立図書館の構想に関わったが、設置場所は、県民のために中心市街地に建設すべきことを主張した。高知県と山梨県では、郊外に建設する案があったが、例えば、山梨県の新図書館整備検討委員会などの会議では中心市街地に建設することを強力に主張した。なぜなら、日本は首都圏や近畿地方都市部などを除いて、地方と中央の情報格差は大きく、県が知的な活動を高めていこうとすれば、県立図書館が地域の中核図書館として、そのもてる資源をフルに活用してもらうようにしなければならないし、第二線論に基づいて郊外に設置するのは、費用投資と効果の点でもマイナスが大きい。それにレファレンスサービスなどで市町村図書館をバックアップするといっても、質問・相談、回答事例を精査したり、職員のレファレンス研修で質問・相談、回答サービスの演習などを担当した経験からいうと、郊外に移転した県立図書館および図書館員の回答内容は、中心市街地にある市町村立図書館員の回答内容からみると劣るものがいくつもあった。より多くの質問・相談を受けることが図書館と図書館員を育てることになる。中心市街地に設置された市町村図書館と図書館員のほうが、住民とともにその力量を高めているという現実を知らない人が多い。

地域の実情をみるなら、県立図書館は中心市街地にあって、県民の仕事や生活にその図書館のもてる力を役立てていくべきだろう。そうした点で、最近中心市街地に建設された山梨県立図書館と沖縄県立図書館は、今後のいい事例になるだろう。特に沖縄県立図書館は、那覇市中心市街という非常に便利なところにある。沖縄県では独自の文化が育まれてきたが、那覇市中心市街地に県立図書館が設置され、沖縄の貴重な資料をより多くの人が、より短い時間のアクセスで閲覧・活用できるようになったことは、非常に喜ばしいことといわなければならない。

鳥取県立図書館の構想の座長を務めた折、私は鳥取という地域の地域性、中世から育まれてきた地域の自主・自立と先取の気風を発展させるために、人の育成と県民の仕事や生活を発展させ、知的な立県の中核になることを目指した。その後の鳥取県立図書館の奮闘ぶりは、図書館職員の取り組みと努力以外の何物でもないが、私がとりまとめた構想もいくぶんかは役立ててもらえたものと思っている。その意味でも、県庁に隣接した地に置かれた県立図書館は、いい場所にあると考えている。(5)

調べるサービスの充実について

まちづくりを進めるために、図書館の調べるサービスの充実は欠かせない。調べるサービスの充実は、量的な面と質的な面とがある。資料の充実、商用オンラインデータベースのタイトル数の増加、特に専門的なデータベースの増加は欠かせない。同時に、図書館員の質的な向上なども不可欠だ。図書館司書は、これからは大学院修士課程修了以上の者を採用する方向で検討してもらいたいものである。専門領域では、専門的な領域の資格をもった人材を専門的な機関から派遣してもらうことも考えるべきだろう。

同時に、日常的なサービスでは、先に述べたように質問・相談カウンターは入り口からできるだけ近いところに設けて、利用者がいつでも気楽に聞くことができるようにする。また、利用者ができるだけ自分で調べることができる環境を整備する。これらについては、『図書館のこれまでとこれから――経験的図書館史と図書館サービス論』（大串夏身、青弓社、二〇一七年）第2部第2章「図書館で「調べる」を考える」（一四七―二〇一ページ）に詳しく書いたので参照してほしい。同書から書架案内図など調べる環境のイメージについて図示したものを再掲しておく（図6）。

なお、文部科学省が三年ごとに調査・発表している「社会教育調査」をみると、二〇一四年度間（平成二十六年度間）でレファレンスサービスの実施館は全体の八一パーセントで、二〇パーセント弱はおこなっていない[6]。レファレンスサービスをおこなわない図書館の多くは、地区館や分館だ。視察していても、実際にレファレンスサービスに取り組んでいない地区館や分館を見ることがある。その理由を地域の中央図書館長に聞くと、そもそもレファレンスサービスをすることを想定して職員を配置していないということだった。こうした館の職員は、非常勤がほとんどだ。非常勤職員だからという考えはいまでは通用しない。というのは、小学校五年から図書館で調べることが学校教育でおこなわれている。中学一年では、図書館のOPACの検索や、ネット情報源の検索を国語の教科書で学ぶことになっているし、高校の普通科の情報の教科書では、ネットの情報検索課題が出されているし、理科や社会の教科書の課題は、図書館で調べると同時にネット情報源の検索につい

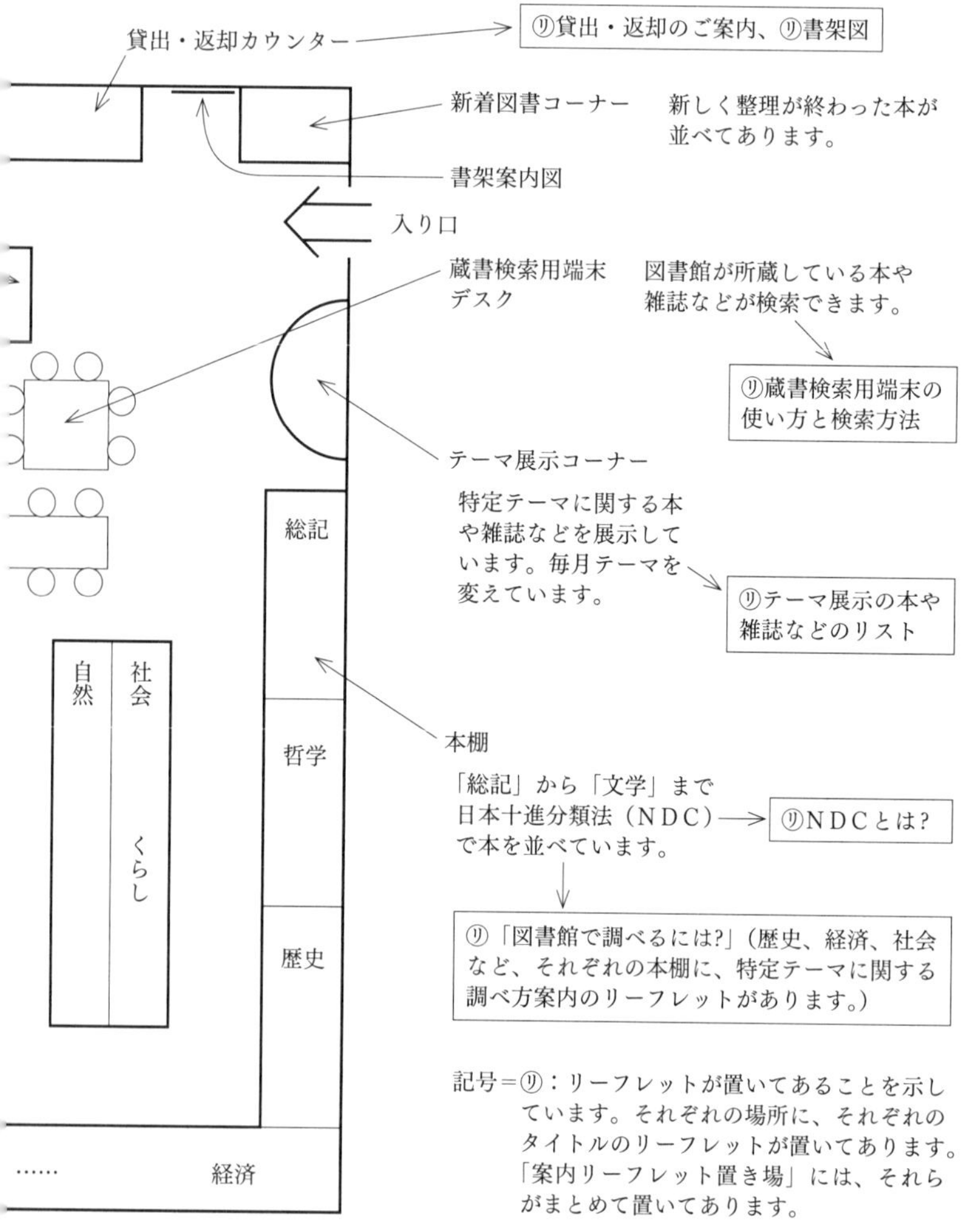
貸出・返却カウンター
ⓡ貸出・返却のご案内、ⓡ書架図
新着図書コーナー
新しく整理が終わった本が並べてあります。
書架案内図
入り口
蔵書検索用端末デスク
図書館が所蔵している本や雑誌などが検索できます。
ⓡ蔵書検索用端末の使い方と検索方法
テーマ展示コーナー
特定テーマに関する本や雑誌などを展示しています。毎月テーマを変えています。
ⓡテーマ展示の本や雑誌などのリスト
本棚
「総記」から「文学」まで日本十進分類法（ＮＤＣ）で本を並べています。
ⓡＮＤＣとは?
ⓡ「図書館で調べるには?」(歴史、経済、社会など、それぞれの本棚に、特定テーマに関する調べ方案内のリーフレットがあります。)
総記
哲学
歴史
自然
社会
くらし
経済
……
記号＝ⓡ：リーフレットが置いてあることを示しています。それぞれの場所に、それぞれのタイトルのリーフレットが置いてあります。「案内リーフレット置き場」には、それらがまとめて置いてあります。

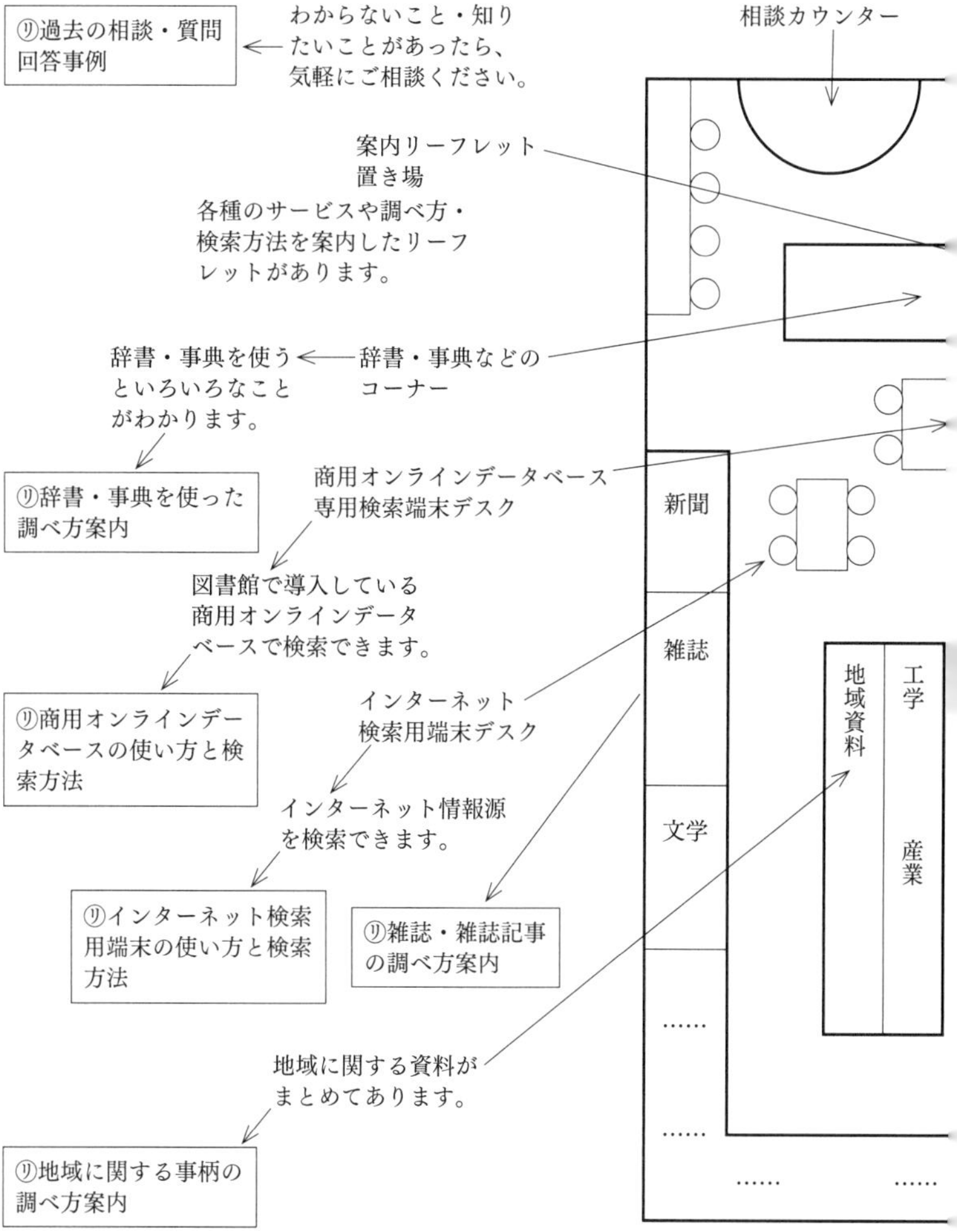

図６　書架案内図などのイメージ
（出典：大串夏身『図書館のこれまでとこれから――経験的図書館史と図書館サービス論』青弓社、2019年、168―169ページ）

ても具体的なサイトをあげて説明している。例えば、環境庁のサイトで統計を調べるとか、国土交通省のサイトでハザードマップを調べるなどである。

もっとも、大学に進学してきた者がこれらをきちんと学んでいるかというと話は別で、私の授業で、情報科の教科書の重要な部分の文章を抜き出してキーワードを空白にして、それを答えさせるという問題に毎年取り組ませていたが、大学によっては二十題のうち平均回答率は五題程度というところがあった。情報科の教科書を見せて聞いてみると、購入したけれどもほとんど授業では開いていないということだった。

こうした問題はあるにしても、OPACを検索したり、ネット情報源を検索するというのは、いまや全国民にとって必要なスキルといっていい。こうした状況にもかかわらず、本や情報と結び付ける施設である図書館でそうしたサービスがおこなわれていないのは、図書館が住民からかけ離れた存在になっている証左ともいえる。本や情報に関わる専門的なサービス施設である図書館として、調べるサービスは、いつでも、どこでも提供されるサービスである。すべての図書館で取り組めるように、職員の研修をおこなうべきだろう。

なお、カウンターでの問題もある。職員は質問を受けたら、きちんとメモをとってから対応するようにしなくてはならない。こうした基本的なところからサービスを見直す必要がある。

図書館で学ぶについて

図書館は古代からあったが、それは限られた人が研究のために利用するものだった。現在のように、あらゆる人が自由に資料を見られるような公共図書館は、十九世紀後半に誕生した。公共図書館は成立当初から、自治体による図書館の設置が学校とともに公教育を完成するものとされ、無料の原則がうたわれた。日本の図書館法もこの考えに立っている。したがって、図書館はその社会的な役割の一つとして、学校教育を終えた人々の学びをすすめる施設として積極的にサービスを提供しなくてはならない。

学ぶためには、教科書は欠かせない。自分の専門外の知識を得るために、高校の教科書は最適だ。これは、評論家・佐藤優が『読書の技法――誰でも本物の知識が身につく熟読術・速読術「超」入門』（東洋経済新報社、二〇一二年）に書いている。また、これからの社会では、専門的な知識などを習得していることが、労働力としても評価される。就職のときに英語やパソコンなどの資格をもっていることは、必須のことといえる。その意味で図書館は、高等学校、大学一般教養対応で単位化される外国語などの資格試験問題集を収集して提供すべきだろう。二冊買って、一冊は館内用、一冊は貸出用にするなどの配慮が必要だ。また、情報に関するスキルやモラルは高校の情報科の教科書が基本になる。これらは図書館員がレファレンスなどでサービス業務に就くときも頭に入れておくべき事柄といえる。

また、新しい事柄を学ぶためには、本がいちばんだ。専門分野の書籍は、著者が半年から一年、あるいはそれ以上かけて（私の場合、最初の構想からだいたい五年くらいかかっている）調べて書いたものが多く、まとまった内容になっている。これをまず読むことから始めるのがいちばんだ。手っ取り早く概要をつかみ、これをベースに雑誌論文や新聞記事、ネット上の情報源にあたる。

さらに調べるサービスに関連することとして、小・中・高生の調べ学習の課題などに対応するためには、図書館員が教科書を読んでおくことが求められる。

4 まちづくりにつながる日常的サービス・事業

人々が集い、活動する図書館へ向かうには、まちづくりに取り組むことが通過点になる。

まちづくりにつながる図書館の日常的なサービス・事業としては、主に、①地域資料・情報の提供、②レファレンスサービスのうち質問・相談、回答サービス、③読書推進活動、④図書および図書館に関わる住民活動、の四つがあげられる。

これらを通して地域との関係をつくることが、成熟社会のなかでの図書館のあり方に結び付いていく。

以下、これらのサービス・事業についてみていくことにする。

地域の資料・情報の収集と提供

地域との関わりで第一に必要とされるのは、地域の資料・情報の収集と提供だ。

収集では、地域の印刷資料はできるだけ多く集める。地域によっては、資料を数多く発行しているところがあるので、特に力を入れる。そうした地域は、文化運動が盛んなところであることが多い。資料を収集しながら、地域に関する情報を入手する。経済団体や、行政、住民団体、町内会・自治会など地域で活動している団体などは多様だ。そうした多様な団体と関係をもつ。最近では、デジタル情報をネット上で発行している団体なども少なくない。そうした団体などがネットで発行したデジタル資料、パンフレット、リーフレット、ときに電子書籍も収集して、保存する。

伊丹市立図書館などで取り組んでいるように、地域の団体・個人が発行した資料をデジタル化して、図書館のウェブサイトから閲覧できるようにしているところもある。また、札幌市のように、地元の出版社などが発行した電子書籍を収集して、閲覧・貸出できるようにしているところもある。これはさらに、図書館で住民が集まって絵本や本を作成してネット上に公開し、有料の本の場合は、電子書籍として購入してネット上で貸出できるようにすることもできるだろう。図書館が地域の本などの出版に関わるのは、本に関わるさまざまな活動をする図書館にとって当然の行為といえるだろう。

さらに、動画も収集すべきだろう。岡山県立図書館が「デジタル岡山大百科[7]」という取り組みをかなり長く続けているが、こうした試みを各地の図書館で進めてほしいものである。「デジタル岡山大百科」では、地域の個人や団体が作った映像なども収録している。個人で撮影した遺跡発掘現場の状況などもあるが、素人《しろうと》の作品のためわかりにくいものも混在しているようだ。図書館として講習会などを開催して、技術的な向上に努めるべきだろう。なお、図書館で対応しがたいときは、「YouTube」にアップすることも勧めるといい。

こうしたことを通して地域との関係をつくるきっかけにするとともに、継続的な関係をつくるよう努力すべきだろう。団体・グループ、行政機関、企業、商店などに、活動内容に関連した図書館の新着資料（図書や雑誌記事など）を紹介するリーフレットを毎月作成して届け、希望者にはメールで送り、図書館の資料への関心をもってもらい、活用に結び付けるようにすることも必要だろう。一部の図書館が、特定のテーマをメールで定期的に配信するサービスをおこなっているが、これは各地の図書館で取り組むべき事柄といえるだろう。

情報発信では、「Twitter」や「Instagram」などの活用も始まっている。これらのＳＮＳ（会員制交流サイト）を利用した情報発信なども、これからすべての図書館で取り組むべきサービスといえるだろう。

こうした新しいサービスの提供には人員配置が必要になるため、業務の効率化も必要になる。また、新たなＩＣＴの技術は積極的に導入すべきである。貸出の自動化などは当たり前といえる。収集については、特に今日的な資料・情報に力を入れるべきだろう。また、自館作成書誌索引類の作成、データベースの作成も積極的に進めるべきである。

地域に関する資料・情報のうち、地域の地図や絵画資料などをすでに作成している図書館もある。これからはネット上の公開資料も加えて、すぐに検索できるようにすべきだろう。ネット上の公開資料は、時期がくると削除されるものもあるので、自館でストックすることが必要だ。これは、「YouTube」などネット上の動画やテレビ番組、ラジオ番組などにもいえる。有料でオープンになっていないものは、発信元と交渉して図書館でストックし、利用者に閲覧できるようにすべきだろう。

できれば、雑誌記事や図書の一部はコピーをとって、図書館のバインダーに入れておいて、いつでも利用者が読むことができるようにしておくことも必要だ。ある国立の博物館では、膨大な資料をバインダーに入れて、利用者が自由にバインダーから取り出して読んだり、コピーをとったりできるようにしている。そこでは、図版集をばらばらにして図版を一枚一枚バインダーに入れ、キーワードで検索できるようにしていた。非常に多くの情報・資料を短時間で入手できて感動したものだが、図書館でも積極的に取り組むべきだろう。著作権の問題は留意しなければならないが、図書館界で対応すれば可能になるだろう。

アメリカの大学に留学した先生方の話を聞くと、雑誌論文などのコピーをバインダーに入れて検索できるようにしたものを大学図書館では膨大にもっていて、相談に応じて提供していたという。論文を書くときには大変役立ったということだった。カナダの大学で学んで、日本に新しい領域の学問を導入した先生の話では、論文を書くときに図書館員に相談したところ、館内の誰でもが利用できるバインダーからフォルダーを取り出してきて、これを読むといいと案内された。それは自分が必要としていたものだったので、これは個人で自由に読んでコピーをとってもいいかと聞くと、あなたのような学生のために作ったものだから、あなたはこれを参考にして、さらに関連する資料を探して論文を書くようにと言われたという。

こうしたサービスはぜひ日本の図書館でおこなってもらいたいことで、そのためにも著作権法などの問題点があれば、洗い出して、対応を検討すべきだろう。地域資料でも、一般の図書の一部に地域に関係する記述があるケースは多い。ネット上の資料も同様だ。ネット上の資料なら図書館の公式ウェブサイトなどにリンクを張るとか、印刷物ならコピーをストックするとか、図書館が対応することが望ましい。

地域の行政資料などは図書館だけでなく行政の出張所など、できるだけ住民の身近な場所で閲覧・貸出ができるようにすべきだろう。まちづくりに関わるような必要な資料・情報は、自治体情報、自治体に関する政府情報などに多いから、図書館はこれらを収集して住民の求めに応じて閲覧できるようにしておく。

地域の資料・情報の場合、個人情報に関して留意するべき事項は多い。できるだけ多くの住民に活用してほしいが、制限すべき事柄も多いので、館内で検閲体制を作って、提供については公正な利用に努めるべきだろう。また、過去の資料で、現在の基準・規範などに照らし合わせると閲覧を制限しなければならないものも少なくない。これは、時代の変化のなかで基本的人権に対する考え方が変わってきているという事情もあるから、慎重に丁寧に検討する必要がある。どこまで公開していいのかなど対応が難しく図書館だけで判断できないような場合は、市役所や県庁の法務担当機関に問い合わせることも必要だ。

まちづくりに貢献するレファレンスサービスの実際

図書館は、調べるサービス、レファレンスサービスを通して地域のさまざまな問題と関わる。レファレンスサービスには、調べるための資料・情報のコレクション構築、質問・相談・回答サービス、情報検索、商用オンラインデータベース検索、調べ方案内（パスファインダー）の提供、質問・相談・回答事例データベースの作成と公開、事例集の作成・配布、情報検索の案内、各種講座の開催などがある。

そのうち、図書館が日常的なサービスとして、まちづくりに関わるきっかけになるものに、レファレンスの質問・相談・回答サービスがある。

質問・相談・回答事例は、まとめて冊子にしていたりウェブサイトに掲載していたりするところが結構ある。国立国会図書館は、「レファレンス協同データベース」の一つに事例データベースを作って公開している。これは、各図書館から提供されたサービス事例を、国立国会図書館のデータベースに登録したものである。

①まちづくりに関する質問相談事例

そこで、ここではまず、まちづくりに関してどのような質問・相談が寄せられているかみておきたい。事例は国立国会図書館「レファレンス協同データベース」の事例データベースに登録されたものである。以下、最近のものをいくつか紹介する。

「レファレンス協同データベース」に見るまちづくりに関する質問・回答事例

・全国的にも注目された武蔵野市のコミュニティバス「ムーバス」について調べたい。その誕生までの難関とか、乗客数などについても調べたい。武蔵野市立中央図書館、二〇二〇年

・滋賀県栗東市で行われている「りっとう無花果コンサート」のような、果物や地域の特産品

を活用し、地域活性化や振興を目的とした、コンサートなどのイベントが和歌山県内にあるかどうか。和歌山県立図書館、二〇二〇年
・学校周辺での自動車の制限速度を三十キロ以下にしてもらいたい。検討したり、取り組む際の参考になる本はあるか。鳥取県立図書館、二〇一九年
・富山市がトランジットモールの実験をやっているが、トランジットモールとは一体何か知りたい。富山市立図書館、二〇一九年
・長野市内の商店街について、その現状と近年みられる商店街の衰退の原因、ショッピングモールとの関係性等を調査できる資料を探している。県立長野図書館、二〇一九年
・宇都宮市内の桜の名所「新川の桜並木」が植えられた経過や、並木の手入れの活動について知りたい。栃木県立図書館、二〇一八年
・台風二十一号の報道で、電柱が倒れる被害を多く見た。電線を地下に埋めたらよいのではと思うのだが、どうなのか。外国での状況も知りたい。西宮市立図書館、二〇一八年
・ふるさとの地域おこし、地域の活性化をテーマにプレゼンする資料がほしい。香川県立図書館、二〇一八年
・岡崎市の菅生祭りの長持ち練り込み行列や、祭りの際に各町内の人が着るはっぴに描かれている文様の意味・由来を知りたい。岡崎市立中央図書館、二〇一八年
・文化施設やフリースペース・公園等を中心としたエリア活性化事例について知りたい。鳥取県立図書館、二〇一七年

・アニメーションを活用した地方再生（活性化）の事例、聖地巡礼などについて知りたい。近畿大学中央図書館、二〇一七年

・地域活性化施策における、都道府県のマーケティング戦略・実践の良好事例や、関係する調査データ等をさがしています。大阪府立中央図書館、二〇一七年

これらは、図書館に寄せられたまちづくり関係事例の一端でしかないが、テーマに関する質問事例にも、まちづくりとつながる内容が含まれているものがある。

②各地のまちづくりへの取り組み

テーマに沿ったまちづくりは、非常に多い。その一端を、一九―二一ページでも示しておいたが、さらに、文化、教育の分野のものを詳しくみてみたい。

検索対象としたものは、第1章第1節「まちづくりとは」で紹介したものと同じである。核になるテーマと事柄、それに取り組んでいる自治体名を示しておく。

生涯学習（広島県庄原市）、開港の歴史（神奈川県横浜市）、近代化遺産（山梨県甲州市）、「音博物館」（大阪府大阪市）、文化（沖縄県佐敷町）、歌舞伎（埼玉県小鹿野町）、歴史と文化（長野県小布施町）、音楽（沖縄県沖縄市）、公民館・生涯学習（山梨県山梨市）、読書活動（栃木県鹿沼市、熊本県水俣市、大分県臼杵市、滋賀県愛荘町、北海道喜茂別町、岡山県奈義町、栃木県野木町、鹿児島県出水市など）、源氏物語（京都府宇治市）、環境と文化（静岡県沼津市）、歴史交流館井筒屋（栃木県笠間市）、

地域に根差した学び（長野県小布施町）、図書館（北海道幕別町）、世界文化遺産（群馬県伊勢崎市）、「英語特区」（宮城県蔵王町）、遺跡と自然（島根県大田市）、水族館（香川県宇多津町）、アニメ（香川県観音寺市）、風流（福島県須賀川市）、ＪＡＺＺ（栃木県宇都宮市、愛知県岡崎市ほか）、景観（石川県金沢市、滋賀県近江八幡市）、重要伝統的建造物群保存地区（広島県竹原市）、歴史的建造物（長野県須坂市）、アート（青森県八戸市）、写真文化（北海道東川町）、創造美育（群馬県真岡市）、雪国の歴史と文化（新潟県南魚沼市）、「雁木」の街（新潟県高田市）、市民メセナ活動と文化（愛知県春日井市）、美術館（石川県金沢市）、大学を核とした共創（愛媛県松山市、千葉県柏市ほか）、市立図書館（新潟県小千谷市）、平泉の自然と歴史（岩手県平泉町）、音や色、伝統文化（滋賀県彦根市）、文化芸術およびスポーツの振興による文化力（長野県長野市）、多文化共生（京都府京丹後市）、歴史を生かす（北海道江差町）、童話村（北海道滝上町）、彫刻（岩手県岩手町）、水と緑と万葉の（栃木県佐野市）、アート（栃木県那須塩原市）、世界遺産（群馬県富岡市）、音楽（埼玉県所沢市）、芸術文化（埼玉県三芳町）、文化芸術・スポーツ（東京都品川区）、彫刻（静岡県袋井市）、多文化共生・国際化（滋賀県長浜市）、茶の湯（大阪府堺市）、恐竜を活かした（兵庫県丹波市）、鉄道遺産などを活用した（岡山県津山市）、木づかいの景観（徳島県上勝町）

このほかにも、住民自治、福祉、医療・健康、防災、安全、復興、環境、経済など広い分野のさまざまなテーマや事柄がまちづくりの核になっているが、これらのテーマに沿った問い合わせに、図書館はレファレンスサービスで答えることになる。これらのテーマや事柄は、各地域の課題になったり、解決すべき問題だったりするものも少なくないと思われる。

③まちづくりに貢献したレファレンスサービスの例

質問・相談、回答サービスが、まちづくりに貢献した例もある。その例を、地方創生レファレンス大賞を受賞した例からいくつか紹介しておきたい。

二〇一五年から、図書館総合展（横浜）のイベント「地方創生レファレンス大賞」が始まった。これは、図書館からの応募事例を審査して、文部科学大臣賞、図書館振興財団賞、審査員会特別賞を決定するものである。レファレンスサービスを盛んにしたいという目的で、賞が設けられた。具体的には、図書館がレファレンス機能を通じて、地域の課題解決に取り組んできた実績を示し、図書館を活用した「調べる学び」の必要性や図書館が課題解決を支援する機関であることへの理解を深める、(8) というものである。

(1)鳥取県立図書館――中心市街地活性化につながる図書館活用

二〇一五年（平成二十七年）、鳥取市中心市街地活性化協議会は文部科学大臣賞を受賞した。鳥取県立図書館はレファレンスサービスを提供した。中心市街地活性化協議会が、イベントの計画や実施について質問・相談をして、鳥取県立図書館からの回答も参考にして取り組んだというものである。主催団体、図書館総合展運営委員会が公表した資料に基づいて少し詳しく紹介しておきたい。(9)

テーマ：「中心市街地活性化に繫がる図書館活用 〜マチナカの人・歴史・再発見！〜」、応募者：鳥取市中心市街地活性化協議会（タウンマネージャー 成清仁士）、レファレンスサービスを受けた図書館：鳥取県立図書館、時期：平成二十七年七月頃

■質問内容

中心市街地活性化に繋げるために、まち歩きイベント事業を計画している。

1）はじめは大人向けのイベントとしてスタートするが、将来的には小学校社会学習のメニューとして成果を活用してもらえたらと思う。小学校社会学習について詳しくないので調べたい。小学校における社会学習や教育旅行に関する本は、どういったものがあるか。

2）まち歩きイベントでは、昔の地図や写真を活用したい。現在の地図や風景と見比べて学びの喜びを感じてもらい、まちに興味を持ってもらいたい。また、昔の地図や写真から地元の年配者の思い出を聞くなどして、世代を超えた対話と交流のきっかけづくりができたらと思う。昔の地図や写真の原本、あるいは掲載された資料があるか。

3）現在のまちの基盤となっている城下町に関すること、鳥取市の災害の歴史や復興都市計画、市街地再開発に関わること、鳥取市中心市街地に残る懐かしいお店などを、まち歩きイベントのテーマとして取り上げたい。地図や写真などのビジュアルな資料を中心に鳥取市の歴史や昭和の暮らしがまとめられた、わかりやすい本はないか。

4）鳥取大火や復興都市計画に関する既往研究を調べたい。研究論文を検索・閲覧することはできるか。

テーマと質問内容は、以上のようなものである。質問をした理由は、「鳥取市中心市街地では来街者の減少や空き店舗増加、居住人口の減少や高齢化、コミュニティーの衰退等が課題となっている。そのような状況下で、若者や子供が中心市街地に魅力を感じたり楽しい思い出を作ったりする機会が減っていることが、特に問題に思われた。まちに愛着を持ってもらうことが将来的な担い手育成に繋がるという考えから、一般にあまり気づかれていない地域資源の再発見をテーマとしたまち歩きイベントを考えた。そして、小学校社会学習との連携によって将来的な波及効果が期待できると考えたことから」だという。そして「レファレンスサービスが地域活性化や地域の課題解決に結びついた成果・効果」には、次のように書かれている。

1）まち歩きイベント「まちのたんけん」の実施①まちの変遷とリノベーションまちづくり（二〇一五・七・十八）②商店街の町並みとお店（二〇一五・九・二十六）③鳥取城跡とその周辺（二〇一五・十一・十四予定）　主催：鳥取市中心市街地活性化協議会〔「日本海新聞」二〇一五年七月十九日付で紹介された〕

【レファレンスサービスが果たした効果】

・レファレンスサービスを活用することにより、速やかに必要とする本にたどり着くことができた。普段は手に取らないジャンルの本の紹介もあり、学びの範囲が広がった。

・まち歩きイベントのプログラムづくりに、レファレンスサービス紹介図書から得たアイデアが役立った。子どもが自由研究のためにレファレンスサービスで相談する傾向を教えてもらい、子どもがどんな風に社会学習に触れる機会があり、どんな風に興味を持つのかを知ることができた。

・まち歩きイベント時の配布資料となった古地図や古写真を発見・発掘することに役だった。資料の複写や使用許可に関わる相談にも丁寧に対応してもらえた。

・図書館が保存する街の歴史や記録が、参加者がこれからの街の在り方を考えるための重要な材料となっている。

2）第二回リノベーションスクール@鳥取（主催：鳥取市）同時開催事業の実施

①絵本読み聞かせプロ術（二〇一五・七・二十四）②マップ博士と親子でマップ作り（二〇一五・七・二十四）主催：リノベーションまちづくりお昼間企画プロジェクト

〔これは、中心市街地情報誌「わっか」秋号（二〇一五年十月一日発行）で紹介されている〕

【レファレンスサービスが果たした効果】

・レファレンスサービスで図書館が取り組む「読み聞かせ講座」や「読みメン講座」について紹介してもらったことで、図書館連携による出張読み聞かせ講座「絵本読み聞かせプロ術」の開催に繋がった。遊休不動産のリノベーション（空き店舗活用による新規創業）を推進する「第二回リノベーションスクール@鳥取」の同時開催事業として、子育て中の親と子に「まちづくり」のエッセンスを絵本で伝えることを試みたもの。絵本の選書でも図書館からのサポートを得た。
・児童コーナーで紹介してもらった社会学習や地図作りに関する本が、塗り絵でマップをつくる「マップ博士と親子でマップづくり」のアイデアに繋がった。
3）鳥取大丸屋上活用「まるにわプロジェクト」（二〇一五・十・一〜）の実施　主催：まるにわプロジェクト（第二回リノベーションスクール@鳥取での提案から発展）
【レファレンスサービスが果たした効果】中心市街地情報誌「わっか」
・鳥取大丸の社史や駅前開発に関わる記録が、企画作りや企業との打合せに役だった。時代の変化により新しい経営改革が求められている街の百貨店と若い力を結びつけることにつながっている。

(2)伊那市立高遠町図書館――Wikipedia TOWN in INA Vallery ×高遠ぶらり

次は、全国各地の図書館でも取り組まれている「Wikipedia TOWN」と県独自のソフトを組み合わせた長野県伊那市立高遠町図書館の取り組みである。伊那市立高遠町図書館では、「Wikipedia TOWN」とコンピューターソフト「高遠ぶらり」を組み合わせた試みをおこなっている。「高遠ぶらり」は、地図上のポイントにある建物や自然などの情報を誰でも記入でき、これを共有していくことで、みんなでつくる地域百科事典ができるものである。小布施町図書館や伊那市立伊奈図書館などでも活用され、学校の調べ学習や観光協会などでも使われている。(10)

レファレンスサービスの成果・効果として、以下のことをあげている。

・この「知る」「学ぶ」「編集発信する」流れは、参加者が実感を持って地域を知ることにつながった。

・調査・研究した項目を「Wikipedia」項目として追加し情報発進《（ママ）》することにより、情報を知識に、知識を創造に変えていく体験と技能を参加者が獲得した。

・図書館司書のみならず、参加者として郷土史家やデザイナー、学生や学校図書館司書などの参加を得ることができ、地域内外の市民や団体や地域企業との協働のあり方を参加者は体験した。

・同種の取り組みが高校での地域学習にもつながった。

・地域情報を「Wikipedia」というオープンデータにしていくことで誰もが二次活用できる形式とし、情報発信することができた。

(3)熊本市立くまもと森都心プラザ図書館――熊本特産品ブランド化事業

熊本市立くまもと森都心プラザ図書館は、二〇一五年地方創生レファレンス大賞審査員会特別賞を受賞した。熊本市の中心市街地活性化事業（情報交流施設整備事業　熊本市熊本地区）基本計画（二〇〇七年〔平成十九年〕認定）では、地域活性化を図る目的で「熊本特産品ブランド化事業」が計画された。

熊本市立くまもと森都心プラザ図書館は、「熊本特産品ブランド化事業」を達成するために熊本市、プラザ二階の観光・郷土情報センターと連携し、肥後生麩のブランド化を支援した。

事業の推進にあたり同図書館に寄せられた質問・相談内容は、①ブランド化に関する資料がほしい、②新商品開発のために、熊本県の特産品に関する資料がほしい、③ブランド化周知のための販売促進品を作成したい、④パンフレットやチラシをつくりたい、⑤試食用にお客様の目を引くメニューを考えたい。また、その際に生麩を使った料理レシピも配布したい、というものだった。

同図書館は、二〇一八年（平成三十年）にも図書館振興財団賞を受賞している。これは、熊本地震（二〇一六年）で被害を受けた銭湯を再建したいという銭湯主からの質問・相談を受けて、復興を支援したものだった。災害が多い日本で、図書館が復興に一定の役割を果たすことができることを実例で示したものだ。今後の図書館の参考になる事例といえるだろう。

二件はそれぞれ目的の違う事例だが、こうした事例の積み重ねが、まちづくり、地域全体の活性化にもつながっていることを示している。

⑷岡山県立図書館――新商品「柿ようかん」の開発・販売を支援

岡山県立図書館は、二〇一六年（平成二十八年）の文部科学大臣賞を受賞した。県内矢掛町の山ノ上地区にある干柿生産組合から、干し柿を使った商品開発や柿の皮の有効活用法、柿酢の濁り除去などに関する質問が寄せられた。同県立図書館がこれに回答することを通して、新商品「柿ようかん」の開発・販売を支援したものである。

県立図書館はパッケージデザインの参考資料も提供し、パッケージ制作の参考になった。さらに商品ＰＲやネットを活用した地域からの情報発信についても、県立図書館からの提案を受けたという。[11]

岡山県立図書館は、二〇〇四年、県庁に隣接する小学校の閉校にともなって、その跡地に移転した（それまでは、現在の場所から五百メートルほど離れた都市公園内にあった）。移転後は、積極的なサービス・事業に挑戦して、十年間でレファレンス質問・相談件数は四倍に増え、入館者が連続して百万人を超えるなど実績を積み重ねてきた。[12]

また、県に関わる映像データベース（「デジタル岡山大百科」）の作成・提供でも著名である。これを活用したレファレンスでも、注目すべきものがあった。

二〇一八年の地方創生レファレンス大賞の「映像資料による郷土の魅力再発見――児島～過去から現在そして未来へつなぐ～」という取り組み事例で、審査員会特別賞を受賞した。小学校教員を目指す学生が郷土の学習教材をつくるために、岡山県立図書館にレファレンスサービスを依頼して、映像資料も含めた資料の提供を受けたというものである。

以上、レファレンス大賞の応募事例と受賞事例を紹介したが、これらをみると、図書館が質問・相談、回答サービスを通して地域活性化、まちづくりに関わっていることがよくわかる。

こうした質問・相談サービスだけでなく、資料の収集から始まり、調べ方案内（パスファインダー）などのサービスを充実させることが必要だ。

表8　公共図書館国民1人あたりの貸出点数と、15歳の生徒の読書相関表

国名	貸出点数	趣味ですることはない（%）
フィンランド	18.8	22.4
イギリス	9.1	29.1
カナダ	6.8	32.7
アメリカ	6.1	40.7
日本	3.6	55.0
フランス	2.4	30.0

（出典：「趣味ですることはない」の数値は国立教育政策研究所編『生きるための知識と技能——OECD 生徒の学習到達度調査（PISA）2000年調査国際結果報告書』〔ぎょうせい、2002年〕。貸出点数は、UNESCO〔国連教育科学文化機関〕『Statistical Yearbook 1999』〔1999年〕で、PISA の調査対象国のなかで貸出点数がわかる国を抽出した）

読書活動とまちづくり

読書活動をまちづくりの核に取り組んでいる自治体は多い。読書活動を前面に出さなくても、絵本や童話などをまちづくりの核にすえている自治体もある。

読書は、地域では「子どもの読書活動の推進に関する法律（子どもの読書推進法）」に基づく地域の読書推進計画によって進められている。図書館が地域の読書推進活動に関わる場合は、自治体の読書推進計画のなかに位置付けられ、役割を果たしているところが多い[13]。事務局は教育委員会に置くことが多いが、自治体によっては、図書館が担当しているところもある。その意味で読書を通したまちづくりに図書館は深く関わっている。ただし、図書館がまちづくりへの関わりの事例として積極的に発信している図書館の数は少ない。

日本のように資源が少ない国では人の育成、知的創造によって社会を作っていくことが必要で、読書を通した人の育成はもっと熱心におこなわれなくてはならない。図書館

からの貸出冊数も、フィンランドのように一人あたり年間二十二冊とまでいかなくても、十五冊程度は必要と思われる（資料費の増加と、著作権者への補償をも議論すべきだろう）。そのためには公共図書館の充実は欠かせない。

「生徒の学習到達度調査（PISA）二〇〇〇年第一回調査　国際調査結果報告書」（OECD）では、読書について調べている（対象は十五歳）。設問は「毎日趣味として読書をどのくらいするか？」というもので、「趣味ですることはない」という答えが、全体平均三一・七パーセントに対して日本は五五・〇パーセントと抜きん出て高い数値を示している。(14) この数値を、ユネスコの統計中の国民一人あたりの公共図書館の資料貸出点数との相関関係でみると、フランスを除いて貸出点数が多い国ほど「趣味ですることはない」という質問に対して低い数値になっていることがわかる。貸出点数と読書には、かなり明瞭な相関関係がある。

日本の生徒の読書問題の背景には、公共図書館の未整備があることは明らかだ。図書館数を増やすこととともに、資料費を現在の三倍程度は増やして、貸出冊数も四倍から五倍程度にすることが必要だ。

読書に関するサービスは、図書館の事業・サービスのなかでも基本的な事業・サービスの一つだ。図書館は、地域のなかでの読書活動に大きな役割を果たすことができるし、また、独自の位置を占めている。独自な位置とは、図書館が数多くの多様な本、資料、情報をもっているからである。

二〇〇四年（平成十六年）に発表された文化審議会答申「これからの時代に求められる国語力について」では、医学的・心理学的な研究の成果から、人の成長過程と読書の関係について次のような考え方を示している。
①〇歳から三歳　人間の成長にとって重要な時期。
②四歳から十二、十三歳　物語を楽しむことから知識を求める時期、特に小学校高学年では知識を吸収する欲求が強くなる。
③十三、十四歳から十八歳　知識とともに論理性も身につける時期。

小学校高学年に対しては、周囲に知識の本（自然科学、社会科学、人文科学など）をたくさん用意して、読書を勧めるといい。

さらに、読書を幅広くとらえた多様な試みが必要だ。音楽、ブックトーク、展示、著者との交流、映画・演劇の鑑賞など、さまざまな試みを通して本と出合う機会をつくる。

もう一つ指摘しておくと、日本の読書のススメの範囲は狭すぎる。本を読むことばかりで、それも読み物中心である。読書と関連した、話す、考える、表現する、討論する、書く、まとめるなどについては範囲に含まれていない。これらはほとんど視野に入っていない。もちろん、過去には、上田市立図書館のように読書活動に関連して、書く活動に展開した活動に取り組んだところもないわけではない。しかし、こうした考えに基づく取り組みは、資料提供論者からの批判にさらされている。批判した側の、視野が狭い読書に関する考えのほうが問題だ。[15]

また、日本では読み聞かせも小学生に限られているが、これも中学生まで広げることを検討すべきだろう。欧米の事例を紹介した吉田新一郎『読み聞かせは魔法！』（明治図書出版、二〇一八年）なども参照するといいだろう。

さらに、読書を通したまちづくりは、子どもの読書が中心になっているところが多い。たしかに、地域で子どもを育てることが大きな関心事であることは確かだ、子どもの読書のためには、大人が本を読まなくてはならないし、大人は、自らの仕事や生活のためにも本を手にする必要がある。また、すべての人々が等しく本を読むことを可能にする環境を整備し、サービスを拡大強化することが求められる。図書館や自治体は、読書を通したまちづくりの効用を考えなければならない。効用を可視化して、多くの住民に事業に参加してもらうようにすることも図書館の役割だ。

図書館の読書に関する活動は非常に多くのものがあり、広い範囲にわたる。また、図書館の活動が及ぶ範囲は、図書館の施設という空間を超えて広範囲で多面的である。それは、図書館を起点にして、地域のさまざまな施設や地域の隅々に浸透していくのだ。もっとも、これは、図書館と図書館に関わる住民が積極的な活動を展開すればということだが。

いずれにせよ、読書は人づくりのために欠かせない。郷土で人を育てるために、図書館も一翼を担うことになる。また、郷土への愛着を育て郷土に尽くす人、また、郷土から出ても郷土を忘れない人を育てるために、地域資料を活用しなくてはならないだろう。

図書および図書館に関わる住民の活動

図書および図書館に関わる住民活動もまちづくりには欠かせない。地域のなかでは、さまざまな事柄やテーマを核に組織された住民活動がいくつも存在する。住民活動のなかに、図書および図書館に関わる活動を加えるのも図書館の役割といえるだろう。

本に関わる住民活動には、読み聞かせ、文庫など種々のものがある。これらは、図書館と関係・協力・連携している地域もあるが、関係していない地域もある。

さらにまちづくりとの関わりでは、住民の自主的な活動が欠かせない。本や情報に関する住民の自主的な活動については、第2章「まちづくり、中心市街地活性化事業と図書館」で、伊丹市、上田市などの事例を紹介した。ほかに、「ライブラリー・オブ・ザ・イヤー」（図書館総合展〔主催：図書館総合展運営委員会、会場：パシフィコ横浜〕のフォーラム）で二〇一六年「ライブラリアンシップ賞」を受賞した佐賀県伊万里市の住民活動がある。

さらに住民が結成したNPOが図書館の運営を担っている事例もある。宮崎県宮崎市立図書館や鹿児島県指宿市立図書館、東京都小金井市立図書館など数が多い。地方自治法が改正される前には、住民協議会やボランティア団体が図書館の地区館などを運営していた事例があるが、それらはNPO団体へと形態が移行した。

こうした図書館での活動のほかにも、地域で図書館に関わる活動に取り組んでいる個人、団体も少なくない。図書館は、これらの人たちと連携をとることも必要だろう。

次に、北村志麻『図書館員のためのイベント実践講座』（樹村房、二〇一七年）から、どのようなイベントが可能か紹介しておきたい。この本では、東京都墨田区で積極的に図書館に関わる地域の自主的な活動を取り上げている。

まず、人数別に開催できるイベントだが、次のように書かれている。

①一人でもできる
おはなし会、ブックトーク、読書会、ビブリオバトル、まちライブラリー・ミニセミナー、企画展示、古本交換会、図書館ツアー・ガイダンス、スタンプラリー、赤ちゃんタイム、ミニエコノミックガーデニング
②数人の人数で可能
講演会、パネルディスカッション、映画会、演奏会、落語会、移動図書館、工作会、手芸会、詩や短歌等のコンクール、ポップコンテスト、本の福袋
③多くの人員が必要
大規模講演会、ぬいぐるみお泊まり会、工作会、手芸会、ワークショップ、こども司書・職場体験、コンサート、ボランティア養成、まちじゅう図書館、図書館お泊まり会[16]

また、北村は、東京都墨田区立ひきふね図書館パートナーズが実施した企画を紹介している。以下、企画名だけ列挙する(『図書館員のためのイベント実践講座』では、それぞれについて簡単な説明がある)。[17]

二周年記念祭、おもてなし課定例会、最新ビジネス書読書会、まちライブラリー・ミニセミナー、ライブラリーファシリテーター養成講座、小学生向けRead for Action読書会、データベース活用講座(小・中学生編)、すみだジャズフェス写真展、READATHLON、図書館総合展

出展、北斎かるた大会、中学生落語会、東京国際文芸フェスティバル　サテライトイベント、エジプト発掘講演会、落語の楽しみ方、時代小説の楽しみ方、手芸シリーズ、工作会、「簡単な事業計画つくりませんか?」、小学生向けデータベース活用セミナー、ママのための読書会!、これからの図書館を考えるワークショップ、声部(中学生・高校生対象、声優科の高校生による朗読会)、ハーバードビジネスレビュー読書会、聞こえない方のための手話朗読会、ポプリの作り方、映画会、「まちぐるみ」読書会、シャーロックホームズ講演会・読書会

これをみると、多くのイベントに取り組んでいることがわかる。

最後に、図書館を核としたまちづくりに取り組んでいる事例を紹介しておきたい。

図書館を核としたまちづくり

図書館を核としたまちづくりに取り組んでいる地域はいくつかある。例えば、島根県海士町《あま》は島の各施設で図書館の機能を展開している。島は、「人づくり」に向けた重点政策として図書館事業を位置付け、〝図書館がない島〟というハンディキャップを逆に生かし、海士町中央図書館と島の学校(保育園から高校)を中心に地区公民館や港、診療所などの人が集まる場所を「図書館分館」と位置付け、それらをネットワーク化することで、島全体を一つの「図書館」とする構想を実践している。[18]

また、長野県小布施町では、二〇一二年から「まちじゅう図書館」の取り組みを始めている。こ

れは、「店主や家主が自宅やお店の少しのスペース（玄関先、倉庫、蔵など）に本棚を置いて、自分の大好きな本でお客様とコミュニケーションをもつ、「本とつながる　人とつながる」をコンセプトとした活動」で、町内の人々のつながりの強さと協力する姿勢がよく反映されているものである。小布施町の取り組みは、全国の図書館や教育関係者に影響を与えて、各地で同様の試みがなされている。ただ、それらをみてみると、小布施町のような人々のつながりがないところでの実現、継続は難しいと思える。(19)

次に、より体系的な考え方で図書館を核としたまちづくりを展開している北海道幕別町を紹介しておきたい。

幕別町の図書館を核としたまちづくりは、「幕別モデル」として知られている。「幕別モデル」を提唱・実践するのは、「図書館と地域をむすぶ協議会」（以下、協議会と略記）である。その中心で活躍している協議会チーフディレクター太田剛の講演やインタビュー記事を手掛かりに、「幕別モデル」の考え方をみておこう。(20)

太田によれば、協議会は、「第五世代」の図書館の可能性を追求しているという。「第五世代」とは、単に地域やまちづくりのハブになるだけでなく、図書館の運営が地域のヒト・モノ・コトの交流や人材育成、さらには雇用創出などの地域経済を活性化し、循環させていく「ソーシャルイノベーションを生み出す場としての図書館」の実現を目指している。また、「ソーシャルイノベーション」とは、「よりよい社会のために新しい仕組みを生み出し、変化を引き出すアイデアと実践、それによって本当の意味での持続可能な〝みんながみんなを支える社会〟が実現する」ものだという。

ところで、協議会は「幕別モデルを発展させる四つのステップ」を公表している。

協議会のリーフレット「まちづくりの核となる図書館」（後掲）をみると、四つのステップは、「全国的な図書館の問題」を契機として、既存の図書館の「システムの改修」から「選書・棚編集の充実」を実現し、それを核として「地域との関係再編」をおこなうという循環、流れになっている。それはさらに「新しい社会モデル」に発展する。これを実現することが、図書館に対する「新しい評価軸」を生み出すことになる。

「全国的な図書館の問題」は、以下の三点を提示している。

・事業仕分けから地方創生へ（地域内の図書館の位置付けを向上）
・集客装置としての期待と限界（消費社会追従から持続社会創出へ）
・指定管理問題と雇用問題（継続する人材育成とノウハウの蓄積）

「システムの改修」は、以下の三点を提示している。

・マークの適正化（マーク負担軽減→無料化の流れ）
・ＬＥＮ（カメレオン）コードの導入（司書のカウンター業務軽減→レファレンスへのシフト）
・地域情報アーカイブ（博物館・資料館と古老・職人・研究者連携）

マークの適正化は、国立国会図書館のジャパンマークの活用で、これは現在オープンにされていて、無料で活用できるようになっている。(21)

「選書・棚編集の充実」「地域との関係再編」は、新しい社会モデルをつくるための、いわば図書館、本に関わる側面だ。三つのポイントを示している。

・書店との関係づくり（地元書店からの書籍購入→地元経済還元）
・福祉施設との連携（装備発注による雇用創出と地域インフラ化）
・サポーター組織づくり（図書館ボランティアからサポーターへ）

「全国的な図書館の問題」→「システムの改修」→「選書・棚編集の充実」→「地域との関係再編」が発展して「新しい社会モデル」が可能になる。

「新しい社会モデル」の柱として示しているのが、以下の三点である。

・予防医療・医療負担軽減（ストレスケア・認知症ケアとレファレンス）
・高齢者対策・貧困対策（移動図書館とブックデリバリーによる声かけ・見守り）
・空き家対策・外国人居住者ほか（レファレンス・学習支援のモデル化）

こうした活動の評価には、従来とは異なる評価軸が必要になる。

「幕別モデル」は非常によく考えられたモデルといえる。協議会では、栃木県茂木《もてぎ》町などでも、地域の実情に合わせた取り組みを進めている。既存の図書館の取り組みとして注目すべきだろう（幕別モデルの図は、図書館と地域をむすぶ協議会「地域づくりの核になる図書館へ――「幕別モデル」を発展させる4ステップ」がウェブ上〔http://www.toshokan.club/wp-content/uploads/2015/11/mbt4cycle.pdf〕［二〇二一年三月三日アクセス］にあるので、参照されたい）。

幕別町図書館の試み「幕別モデル」は、既存の図書館での取り組みという点で注目すべきものだ。というのは、本書で検討してきたまちづくりの事例は、多くが新しい図書館を建設する、あるいは既存図書館を移転させて新たに始めるというものが圧倒的に多かったからだ。これからの日本では、新しい図書館の建設は、非常に数が限られたものになるだろう。地域に関わり、地域に貢献する図書館は、既存の図書館が取り組むことによって実現する。

図書館として、まちづくりが図書館運営の目的に組み込まれた幕別町図書館のようなものは別にして、普通の図書館がまちづくりに取り組むためには、まず、まちづくりに関して調べるサービスから始まるといっていい。それは、図書館の基本サービスである調べるサービス、レファレンスサービスを中核とするサービスで、住民の幅広い、調べることに関わることから始まる。

注

(1)「祝!中央図書館リニューアルオープン!【令和2年10月1日】すぎなみスタイル」杉並区公式チャンネル (https://www.youtube.com/watch?v=BH_KsNYoMiA)［二〇二一年三月二十三日アクセス］

(2) 山本あけみ「杉並区中央図書館改修が終わり、リニューアルオープンします!」「緑ゆたかな環境をこどもたちへ」(https://blog.goo.ne.jp/akemiyamamoto/e/26acacaaeef3b605d70a8b40501199db)［二〇二一年三月二十三日アクセス］

(3) クリスティー・クーンツ・バーバラ・グビン編『IFLA公共図書館サービスガイドライン――理

想の公共図書館サービスのために』山本順一監訳、日本図書館協会、二〇一六年、三五ページ（[https://www.ifla.org/files/assets/hq/publications/series/147-ja.pdf]［二〇二一年一月三十日アクセス］）

（4）同書九二ページ

（5）参考：大串夏身ほか「都道府県立図書館の役割を再検証する」「Cul《カル》 De《デ》 La《ラ》」第三号、日本カルチャーデザイン研究所、二〇二〇年、四一―六六ページ

（6）「社会教育調査」e-Stat 政府統計の総合窓口（[https://www.e-stat.go.jp/stat-search/files?page=1&toukei=00400004&tstat=000001017254]［二〇二一年三月三日アクセス］）のページ内の第八十六表「図書の貸出業務等の実施状況」による。

（7）森山光良「デジタル岡山大百科――電子図書館ネットワーク」「情報管理」二〇〇七年六月号、科学技術振興機構、一二三―一三四ページ

（8）糸賀雅児「「地方創生レファレンス大賞」3年間の歩み」「カレントアウェアネス」No.335、二〇一八年三月二十日（https://current.ndl.go.jp/ca1918）［二〇二一年三月三日アクセス］

（9）「地方創生レファレンス大賞 最終審査・授賞発表」図書館総合展ウェブサイト（http://www.libraryfair.jp/forum/2015/1832）［二〇二〇年十月一日アクセス］

（10）小布施町立図書館と伊那市立図書館は、二〇一一年と一三年、ライブラリー・オブ・ザ・イヤー大賞をそれぞれ受賞している。

（11）「毎日新聞」二〇一六年十二月二十八日付地方版「地方創生レファレンス大賞　県立図書館が文科大臣賞　地域活性化に協力／岡山」、岡山県教育政策課「平成28年度「地方創生レファレンス大賞」において、岡山県立図書館が最高賞の「文部科学大臣賞」を受賞しました！」岡山県（https://www.

pref.okayama.jp/site/182/497298.html)［二〇二一年一月三十日アクセス］)

(12) 菱川廣光『情報化時代の今、公共図書館の役割とは――岡山県立図書館の挑戦』大学教育出版、二〇一八年

(13) 日本図書館協会がおこなった「自治体の総合計画等における図書館政策の位置づけ（アンケート）２０１８年度版集計結果」によれば、「子どもの読書推進計画」に図書館が位置付けられていると回答している自治体は、回答数千百八十四のうち、六百五十になっている。日本図書館協会「自治体の総合計画等における図書館政策の位置づけ（アンケート）２０１８年度版集計結果」日本図書館協会(http://www.jla.or.jp/Portals/0/data/bukai/public/2019anketo01.pdf)［二〇二一年一月三十日アクセス］

(14) 国立教育政策研究所編『生きるための知識と技能　ＯＥＣＤ生徒の学習到達度調査（ＰＩＳＡ）――２０００年調査国際結果報告書』ぎょうせい、二〇〇二年

(15) 山﨑沙織「「本を読む母親」達は誰と読んでいたのか――「創作グループ」の長野県ＰＴＡ母親文庫からの離脱をめぐって」、三田図書館・情報学会編「Library and Information Science」第七十七号、三田図書館・情報学会、二〇一七年、一一七―一四八ページ。これによると、上田市立図書館の試みを批判した前川恒雄などの見解は、読書活動を極めて表面的にしか理解していないというべきで、今後、しっかりした研究と評価を期待したい。

(16) 北村志麻「人的リソース別イベント種類」『図書館員のためのイベント実践講座』樹村房、二〇一七年、一三ページ

(17) 「(資料１) 墨田区ひきふね図書館パートナーズ実施企画例」同書五ページ

(18) 海士町「島まるごと図書館――大人も子どもも、本を身近に！」海士町(http://www.town.ama.

shimane.jp/kurashi/guide/10600/post-81.html)〔二〇二一年三月三日アクセス〕

(19) 小布施町立図書館「まちじゅう図書館」まちとしょテラソ（https://www.town.obuse.nagano.jp/lib/docs/town.html)〔二〇二一年一月三十一日アクセス〕

(20) 太田剛のインタビュー記事「図書館が変わる、まちの未来が変わる」（「地域人――地域情報満載！地域創生のための総合情報」二〇一九年三月号、大正大学出版会、五二―五五ページ）、同「【講演】「図書館で変わる！地域が変わる！――ソーシャルイノベーションに向けて」」（未来の図書館研究所〔http://www.miraitosyokan.jp/future_lib/symposium/2nd/report/lib_and_social_innovation2.pdf〕〔二〇二〇年十月一日アクセス〕）、同「新世代図書館がヒト・モノ・コトの結びつきを取り戻す――インタビュー 図書館と地域をむすぶ協議会チーフディレクター 太田剛」（「ＣＥＬ」第百二十四号、大阪ガスエネルギー・文化研究所、二〇二〇年〔https://www.og-cel.jp/search/1285006_16068.html〕〔二〇二一年三月三日アクセス〕）がある。

(21) これについては、活字文化議員連盟の公共図書館プロジェクトが二〇一九年六月に作成した「公共図書館の将来――「新しい公共」の実現をめざす（答申）」（活字文化議員連盟公共図書館プロジェクト）第3章「公共図書館の将来――5つの提言」では、提言として「ＭＡＲＣ選択の多様性とＮＤＣの付与」があり、そこでは「自治体における指定管理者、書誌データ、図書納入業者の「三点セットの入札」を止め、個別入札に転換し、ＭＡＲＣ選択の多様性を確保すること」とある（http://www.mojikatsuji.or.jp/wp/wp-content/uploads/2019/06/toshin.pdf）〔二〇一九年十二月三日アクセス〕。

第6章　人々が集い、活動し創造する図書館へ

これから来る社会とは、コンピューター情報通信ネットワークを社会的な基盤とする低成長、少子・高齢化、国際化を大きな枠組みとする社会になるだろう。いわゆる「成熟社会」である。

1　到来する「成熟社会」とは

「成熟社会」とは、イギリスのデニス・ガボールが著した『成熟社会』（一九七二年）から広まった未来社会のビジョンだ。「諸種の制度や施設が整備されて安定な状態にある社会[1]」とも考えられる。ガボールは、未来にイメージされる人間の社会を「消費社会の不毛と倦怠の克服、知能偏重から知能と倫理の調和へ、善意と幸福を周囲に広げる人間の形成、強制と支配ではなく自由と責任と連帯の拡充、多様な個性と価値観を尊重し許容する寛容な民主的社会の実現[2]」と主張した。

成熟社会に関して、日本でもいくつもの著作があるが[3]、日本では、安定した社会のイメージよりも、少子・高齢化、財政難、格差拡大などの困難な社会というイメージが強い。これは、日本的な成熟社会とでもいうべきものと思われる。そうした社会で図書館はどのような役割を果たすことができるか考えてみたい。

日本では、高齢化は二〇五〇年にピークを迎えるという。それまでは、高齢者が人口に占める割合が高まり続けることになる。少子化も進むと考えられている。同時に、財政難、格差の拡大など解決すべき問題もある。温暖化などの地球規模での問題もある。さらに、地球温暖化の影響で自然災害も大規模化することが予想されている。成熟社会というよりも、むしろ、いま以上に困難な時代とも考えられる。

地域社会のなかでの人の行動をみると、多様な価値観に基づく自己判断と自己責任が求められ、人それぞれの関心がある事柄やテーマでの交流が進み、従来の組織とは異なる形態の「コミュニティー」が形成されるという。人のつながりという点では、社会から孤立する人があり、また、子どもの貧困、社会的な格差という解決すべき問題も存在する。日本は、「福祉国家論」[4]では「地中海型福祉国家」に類別される国である。そこでは男女の格差が抜きがたくあり、子どもの貧困がより強く現れる。

未来は、コンピューター情報通信ネットワークを基盤とした知的な社会になる。情報通信ネットワークを基盤とする社会は、新たな科学・技術の発明ももたらすが、陰の部分もいま以上に強く現れることになる。

ともあれ、日本の将来は、ガポールが描いた未来社会よりも厳しい社会になるだろう。そうした社会での図書館のあり方として、まず、サービスの枠組みは、いま以上に人間、利用者に寄り添ったものになり、地域社会に開かれたものにならなければならないだろう。

そうした意味では、これからより積極的に取り組まれることが予想される、地域との関係の強化やまちづくりへの取り組みは、日本的な成熟社会のなかの図書館への道を照らすものになるだろう。

これからの社会では、図書館の新設は限られたものになる。既存の図書館が、サービス・事業内容を見直して改善することで、時代にふさわしい図書館になれる。その意味で、前章までで触れた既存の図書館の試みは大いに参考になる。

日本的成熟社会では、図書館は、もっている各種の機能をそれぞれに発揮するとともに、それらを複数組み合わせ、融合させて発揮することも期待される。そうすることで、地域住民の生活や仕事に役立ち、地域の組織・団体などに役立ち、地域社会に貢献する図書館になる。そこでは、静かに読書し、学び、調べるだけでなく、人々が集い、語り合い、交流し、そこから活動が生まれ、知的な成果が地域社会にもたらされることになる。こうした集い、活動・創造する図書館になるために、いま考えられることをいくつか提示しておきたい。

2　集い、活動・創造する図書館へ

地域への関心、地域の情報・資料の収集、保存、公開

地域への関心と、地域の団体・組織との連携・協力は、いままで以上に必要になる。知的な資源をもっている地域内の博物館や文書館はもとより、行政機関の資料・情報保管組織、研究所資料室、大学図書館、学校図書館、会社などの資料室などとも、より密接な連携・協力関係をつくる必要がある。また、地域のデジタル資源やネットワークの情報源の保存にも積極的に取り組み、紙と同じように、それらをできるだけ公開できるようにすべきだろう。電子書籍は、いままで以上に多く刊行されるようになるし、地域の個人、団体なども電子書籍を発行するようになるだろう。図書館は、住民などの電子書籍刊行を支援し、それらを収集して公開できるようにすることになる。

調べるサービスの一層の充実

調べるサービスの充実は、図書館が収集した資料やアクセスできる情報源を最大限活用して住民の生活・仕事に役立ててもらうという視点から積極的に取り組むべきだし、図書館の情報空間が、わかりやすく活用しやすいものとして、住民が自分で調べようとしたときに最初に訪れるところになるように整備し、利用をはたらきかける。そのためには、動画やスライドを活用して、自分で情

報検索や利用をトレーニングできるような情報空間を多様に用意する。これは、情報ニーズをもっている年齢別、またテーマ別に作成される。

多様なテーマで探しやすい、調べやすい情報空間を構築するには、図書館員だけでなく、各種の専門家や技術をもった住民の協力も求める。質問・相談、回答の窓口もネットを活用して二十四時間受け付ける態勢にする。

「ディスカバリーサービス」（明石市立中央図書館）も、オンラインデータベースなどを充実させて、多くの図書館で取り組まれることが期待される(5)。

資料・情報の収集については、大学院レベル以上の専門的なものも収集して活用できるようにすべきだろう。その意味では、図書館員はあらゆる面でのスキルアップを図り、より高度な学術的な知識を習得することが必要だ。さらに、専門的な情報機関を含めたネットワークの構築も欠かせない。特に、知的な生産が盛んになれば、それに対応した専門的な情報・資料の要求は高まるだろうし、専門的な要求が高まるようなサービスの開発に取り組まなくてはならない。これは、いまのうちに取り組むべき課題といえる。コンピューターの各種ツールも積極的に導入すべきだろう。外国語の翻訳などもある程度まで対応できるようになることが望まれる（自動翻訳サービスは、いま以上に発達するだろう）。

こうした取り組みが図書館を、自己判断、自己責任を求められる社会で生きる人々のよりどころに育てるだろう。現在の日本の図書館は、資料収集という面でも、職員の採用・養成という点でも、時代に遅れている。

アメリカの「エンベディッド・ライブラリアン」(embedded librarians) という試みも、積極的な地域との関係をつくる図書館では実践されるだろう(6)。

さらに進めて、図書館が地域社会の新たな情報空間の構築を構想して、その実現に努めなければならない。情報の世界は大きく変わる。そのなかでも、地域社会ではその変革の中心にあって、常に新しい情報空間構築を先導しなくてはならない。

集うサービスから「コミュニティー」形成支援へ

図書館の本や情報を仲立ちとした人と人を結び付けるサービス・事業は、「新しい公共」の形成を志向する地域社会に貢献することになるだろう。図書館が収集している多様なテーマの資料は、特定テーマに関心をもった人の多様な集まり、それぞれのよりどころの一つになるにちがいない。また、図書館はそうした人々がそれぞれに「コミュニティー」を形成するためのふさわしい空間になるように工夫すれば、「コミュニティー」の試みを支援することになる。こうした多様なテーマのもとに集まった人々は、情報空間だけでなく、地域社会に新たな絆を生み出すだろう。そうした意味で、多様なテーマのもとに集まった人々のつながりが「新しい公共」の一部になるとも考えられる。

少子・高齢化と図書館

少子・高齢化に対する図書館のサービスでは、これからさまざまな取り組みが生まれるだろう。

子どもの読書については、国の政策もあってすでに一定の成果を上げているが、さらに読書推進活動のウイングを広げ、より多様な取り組みを展開することが期待されている。読書は、成人、高齢者、また外国人、図書館に来るのが困難な人々に向けて、多様な内容をもったサービスがおこなわれる。一部の図書館では、高齢者に認知症などへの対応や健康・介護なども視野に入れた取り組みが始まっているが、これも各地の図書館で地域の実情も考慮に入れて、それぞれに取り組まれるだろう。

医療健康・介護は地域住民にとっても関心が高いテーマである。図書館で取り組もうとするなら、医療機関や専門家との連携やアドバイスが必要だ。また、子育てへの支援も期待される。

多文化の充実

地域社会でも、多様な文化をもった人々が暮らすようになる。それらの人々にも図書館を活用してもらうようにはたらきかけることはもとより、多様な文化をもつ人々との交流の場を図書館が用意しなくてはならない。図書館自体の多様な文化への対応が求められる。

公共施設としての社会的な包摂の取り組み

社会的な格差と子どもの貧困は、大きな問題になるだろう。公共施設である図書館は、社会的な包摂に取り組むというスタンスから、地域の実情を踏まえながら、本と情報を活用したさまざまな取り組みの要求に応えることになる。例えば、子どもたちへの学習支援や、成人への就職支援などがあげられる。

図書館は、少なくとも成人のためには、高等学校で単位認定されている資格・検定試験の問題集を各種取りそろえて、学習に役立ててもらうようにする。さらに、特定の資格の取得希望者や特定の職種への就職希望者には、相談のための専門家も招いて相談会なども開催する。

読書を通じた子育て支援の取り組みも、必要になるだろう。

社会的孤立を深めた人には、居場所になるような空間もあっていいだろう。図書館に来館が困難な人々に対しては、一層の支援とサービスの充実が求められる。

こうした点からも、地域の行政機関との関係も再構築して、支援に関わる機関との相互支援が求められるだろう。図書館に寄せられる質問・相談にはさまざまなものがある。私が受けた質問でも、遺産相続の問題、土地の争いの問題など、法律相談がふさわしいものがいくつもあったし、生活での健康や環境に関する問題もあった。これらは、行政機関が用意した相談窓口で相談するほうが適切なのだが、図書館から案内された相談については、行政の相談窓口で優先的に受け付けてもらうようにするなどといった協力・連携も必要になる。図書館が収集した多様な資料群や情報群、また専門的なオンラインデータベースは、行政機関にとっても役立つ内容のものも少なくない。この点での行政支援も一層必要になるだろう。

これからは、こうした地域の問題に、環境問題など、地球規模や国家規模の問題が入り込んでくる。これらについても地域の人々の知恵を集めて取り組み、地域のなかでも一定の解決への方向を見いだしていくこと、その積み重ねが必要になる。地域で持続可能な地域社会を考え取り組むことは、持続可能な地球について考え取り組むことにもつながっていく。地域からの取り組みは、社会全体の変革にもつながっていく。そうした意味で、地域中で、図書館がそうした人々のよりどころになることが必要だ。

新しい技術の導入と開発

新しい技術が開発される。そこで、新たな情報空間の構築を先導する図書館が注目し、率先して取り組むのは、ＡＩ（人工知能）とロボットと情報通信ネットワークを組み合わせた技術、ソフトウエアだろう。図書館の自動化はいままで以上に進む。従来の考え方にとらわれていれば、時代に遅れて、図書館はその役割を終えることになるだろう。情報通信ネットワークにつながったロボットも活躍するようになるだろう。音声認識の発達で、音声による情報検索や翻訳、各種サービスも進むだろう。図書館のサービスにもそれらは応用されるようになるだろうから、図書館は積極的に導入して、新しいサービスを生み出すとともに、サービスを高度化させていく必要がある。また、サービス、資料・情報内容の高度化・専門化とともに、図書館員の質も高めていく必要がある。日本でも早く図書館司書の資格課程を大学院に移行して、大学院修了でなければ取得できないようにすべきだろう。

人々が集い、活動・創造する図書館へ

来るべき社会では、図書館は、地域の人々が集い、活動・創造する図書館にならなくてはならな

い。そのためには、いま一度、図書館が住民自治の施設である、という点に立ち返って考えることが必要だ。片山義博、糸賀雅児の『地方自治と図書館――「知の地域づくり」を地域再生の切り札に』（勁草書房、二〇一六年）では住民自治を基盤とする地方自治の観点から構想した図書館と地方自治のあり方について述べている。片山、糸賀両氏の提言を念頭に置きながら、基盤になる住民自治の観点を踏まえ、今後の図書館のあり方を考えることが求められるだろう。

図書館は住民のものであり、住民とともに歩む施設だ。住民とともに歩むことで、図書館と図書館員は育っていく。サービス・事業を提供するなかで、住民と語り合い、交流するなかから図書館員は育っていくし、サービスも充実していく。それは現場の図書館員が身をもって感じていることだろうし、私自身も、そうした経験のなかで多くのものを学び、サービスを生かしてきたし、その後の人生のなかでも、それらは糧になった。

これからの社会では、従来の人と人とのつながりも変わるだろう。いままでの社会でつくられてきた町内会などの既存の組織は一定の役割を終えて、機能を別の組織に移すことになり、新たな人々のつながりのなかで、新たな組織がつくられることになるだろう。つまり、特定の事柄やテーマに関心がある人が集まる「コミュニティー」が形成される。したがって、図書館自体も同様に、図書館に関心がある人々が集まり、組織を作って、図書館のサービスの一端を担う、ときには図書館の管理・運営を担うことにもなるのではないか。実際に、すでに指宿市や宮崎市では、住民がNPOを結成して図書館を運営している事例もある。そういう組織には内部で積極的に学ぶシステムをもっていて、参加する住民が図書館をより深く理解できるようになっているものもある。自主運営ではなくても、図書館を舞台にして自分たちの活動をおこなっているところもある。活動形態は、上田市の図書館倶楽部（ＮＰＯ）のようなものから、そうではないところまでさまざまだ。小布施町の「まちじゅう図書館」のように、店舗などの一部を図書館にして活動しているところもある。自分たちでつくった「まちライブラリー」のようなものもあるし、家庭文庫なども数が多い。

こうした住民の図書や図書館に関わる活動が、新しい「コミュニティー」を形成していくだろう。これは、図書、図書館だけでなく、さまざまな事柄やテーマで形成される。図書館はそれらとも密接な関係をもつことが期待されるし、そうした住民のグループが図書館で活動することも期待される。図書館は、新しい情報空間を構築するための一部分でもあるから、こうした多様な住民の活動と関わることも指向すべきだ。

従来のような静かな、本を借りて帰る、という図書館から、人々が本と情報を仲立ちとして集い、語り合い、交流して、そのなかから新しい知恵・知識を生み出して地域に還元する、そうした場・施設になることが、これからの社会では求められる。

収集した本と情報を仕事や生活、学習などに役立て、また本と情報を仲立ちとした人々の語り合いと交流のなかから新たな知と活力、にぎわいを地域にもたらす。そうした図書館が、すべてのまち・むらに生まれ、そうした図書館のネットワークが、コンピューター情報ネットワークとともに、これからの日本の社会的な基盤となることを期待したい。

(1)『日本大百科全書(ニッポニカ)』の濱嶋朗の項目解説。「コトバンク」(https://kotobank.jp/)[二〇一九年十月二十三日アクセス]。翻訳は、デニス・ガボール『成熟社会――新しい文明の選択』(林雄二郎訳、講談社、一九七三年)。

(2)注(1)に同じ。

(3)林雄二郎『成熟社会日本の選択』(中央経済社、一九八二年)、野村総合研究所編『日本型成熟社会――多軸発展時代の方向を探る』(野村総合研究所情報開発部、一九八一年)などのほか、最近でも「honya club」で「成熟社会」で検索すると、谷明『成熟社会――これから百年の日本』(eブックランド社、二〇一二年)、日本政治学会『成熟社会の民主政治』(筑摩書房、二〇一九年)、渡部信一『成熟社会の大学教育』(ナカニシヤ出版、二〇一五年)などが検索できる。

(4)イエスタ・エスピン゠アンデルセン『平等と効率の福祉革命――新しい女性の役割』大沢真理訳、岩波書店、二〇一一年。アンデルセンは、「福祉国家論」を提起したことで有名。議論のなかで、北欧型、中欧型、イギリス・アメリカ型の三つのほかに、地中海型があるという提起もしている。地中海型は、労働市場は男中心で、福祉では整備が遅れ、保育では老父母が活躍する社会で、子どもの貧困が四つの類型ではいちばん顕著になる社会でもあるといわれている。日本はその典型といえる。

(5)湯浅俊彦「電子出版活用型図書館プロジェクトの可能性――ディスカバリーサービスを中心に」「情報学」第十五巻第二号、大阪市立大学学術情報総合センター、二〇一八年(https://creativecity.gscc.osaka-cu.ac.jp/JI/article/view/827)[二〇二〇年一月二十日アクセス]

(6)「選び取られた情報資料に取り囲まれた図書館に陣取って、図書館にやってくる個々の利用者に対して単発的なサービスを提供するという受動的な図書館のあり方を捨てて、ライブラリアンが利用者コミュニティーのなかに積極的に飛び込み、一緒になって考え、それぞれの図書館の設置母体組織の使命を効果的・効率的に果たそうとするライブラリアン」（山本順一『図書館概論――デジタル・ネットワーク社会に生きる市民の基礎知識』〔「講座図書館情報学」第二巻〕、ミネルヴァ書房、二〇一五年、二一八ページ）

参考文献・情報源

図書

茨城県図書館協会調査研究委員会『図書館におけるボランティアの実態に関する調査報告』(茨城県図書館協会調査研究委員会報告書)、茨城県図書館協会、二〇二〇年

碓井敏正/大西広編『成長国家から成熟社会へ――福祉国家論を超えて』花伝社、二〇一四年

小田垣宏和『図書館パートナーズのつくり方――図書館からのコミュニティづくり』郵研社、二〇一九年

片山善博/糸賀雅児『地方自治と図書館――「知の地域づくり」を地域再生の切り札に』勁草書房、二〇一六年

片山善博、福島市の図書館を育てる市民の会編『地域づくり・人づくりと図書館――40周年記念事業講演』福島市の図書館を育てる市民の会、二〇一七年

活字文化議員連盟『公共図書館――「新しい公共」の実現をめざす』活字文化議員連盟、二〇一九年

金子勇『「成熟社会」を解読する――都市化・高齢化・少子化』(叢書現代社会のフロンティア)、ミネルヴァ書房、二〇一四年

北村志麻『図書館員のためのイベント実践講座』樹村房、二〇一七年

吉川徹『学歴と格差・不平等――成熟する日本型学歴社会 増補版』東京大学出版会、二〇一九年

国際図書館連盟公共図書館分科会ワーキング・グループ編『理想の公共図書館サービスのために――IFLA/UNESCOガイドライン』山本順一訳、日本図書館協会、二〇〇三年

国立国会図書館関西館図書館協力課編『地域の拠点形成を意図した図書館の施設と機能』(図書館調査研究リポート)、国立国会図書館、二〇二〇年

小宮山博仁『持続可能な社会を考えるための66冊――教育から今の社会を読み解こう』明石書店、二〇二〇年

嶋田学『図書館・まち育て・デモクラシー――瀬戸内市民図書館で考えたこと』青弓社、二〇一九年

全国公共図書館協議会編『公立図書館における課題解決支援サービスに関する報告書 2015年度』全国公共図書館協議会、二〇一六年

全国公共図書館協議会編『公立図書館における地域資料サービスに関する報告書 2017年度』全国公共図書館協議会、二〇一八年
『図書館へ行こう!!——新しいワクワクと出会える図書館を1冊まるごと大特集! 日本各地・注目の図書館90館+α』(洋泉社MOOK)、洋泉社、二〇一六年
永田潤子/遠藤尚秀編『公立図書館と都市経営の現在——地域社会の絆・醸成へのチャレンジ』(都市経営研究叢書)、日本評論社、二〇二〇年
鳴海雅人/渡辺猛/牛込具之/吉田朋史/大橋秀允/高瀬真人『ほんものづくり』建築ジャーナル、二〇一四年
日外アソシエーツ編『観光・まちづくり レファレンスブック』日外アソシエーツ、二〇一九年
根田克彦編著『まちづくりのための中心市街地活性化——イギリスと日本の実証研究』(地域づくり叢書)、古今書院、二〇一六年
蛭田廣一『地域資料サービスの実践』(JLA図書館実践シリーズ)、日本図書館協会、二〇一九年
福留強、全国生涯学習まちづくり協会監修『図書館がまちを変える——発展する生涯学習都市の姿』東京創作出版、二〇一三年
毛利るみこ『国及び地方公共団体における図書館政策の現状と課題』(図書館流通センター図書館経営寄附講座・調査研究報告)、筑波大学大学院図書館情報メディア研究科図書館流通センター図書館経営寄附講座、二〇一六年
諸富徹『人口減少時代の都市——成熟型のまちづくりへ』(中公新書)、中央公論新社、二〇一八年
鷲頭美央『人口減少社会における公立図書館経営』(図書館流通センター図書館経営寄附講座・調査研究報告)、筑波大学大学院図書館情報メディア研究科図書館流通センター図書館経営寄附講座、二〇一六年

雑誌記事、論文
糸賀雅児「まちづくりを支える図書館」、ぎょうせい編「ガバナンス」二〇一六年八月号、ぎょうせい、一七—一九ページ
桑原芳哉「中心市街地における公立図書館整備に関する近年の動向——民間商業施設との複合整備事例を中心とし

て」「尚絅大学研究紀要 A．人文・社会科学編」第五十一号、尚絅大学短期大学部、二〇一九年（https://doi.org/10.24577/seia.51.0_45）［二〇二一年三月三日アクセス］
地域活性化センター編「地域づくり」二〇一八年四月号（特集編）、地域活性化センター
「特集 新たなつながり、新たな地域の拠点」、地域活性化センター編「地域づくり」二〇一六年二月号、地域活性化センター
「特集 こんな図書館のあるまちに住みたい」、大正大学地域構想研究所編「地域人」二〇一八年六月号、大正大学出版会
「特集 図書館とまちづくり」、大正大学地域構想研究所編「地域人」二〇一九年二月号、大正大学出版会
「特集 まちづくりと図書館」、日本図書館協会図書館雑誌編集委員会編「図書館雑誌」二〇一七年五月号、日本図書館協会
「特集 まちづくりを担う公共図書館とＦＭ――図書館に学ぶ場づくりと価値創造」「JFMA journal」第百八十七号、日本ファシリティマネジメント協会、二〇一七年
藤岡朋子「公共図書館利用者による市街地活性化効果の検証――高崎市中心市街地を事例として」筑波大学修士論文（三〇九四七号）、二〇一三年（http://hdl.handle.net/2241/121390）［二〇二一年二月五日アクセス］

インターネット情報源
国土交通省「中心市街地活性化基本計画データベース」国土交通省（https://www.mlit.go.jp/crd/index/db/index.html）［二〇二一年三月三日アクセス］。平成二十九年十二月末現在とある。同じサイトに「中心市街地活性化ハンドブック」「中心市街地活性化資料集・事例集」などもある。
中心市街地活性化協議会支援センター「まちづくり事例 さまざまな市街地活性化課題解決のヒント」まちかつ（https://machi.smrj.go.jp/machi/index.html）［二〇二一年二月七日アクセス］。事例には中心市街地の図書館や図書館を含む事例がある。
内閣府地方創生推進事務局「認定された中心市街地活性化基本計画」首相官邸（https://www.kantei.go.jp/jp/singi/

tiki/chukatu/nintei.html）［二〇二一年三月三日アクセス］
文部科学省生涯学習政策局社会教育課「図書館実践事例集——人・まち・社会を育む情報拠点を目指して」文部科学省（https://www.mext.go.jp/a_menu/shougai/tosho/jirei/index.htm）［二〇二一年三月三日アクセス］
文部科学省総合教育政策局地域学習推進課「社会教育施設の複合化・集約化」文部科学省（https://www.mext.go.jp/a_menu/shougai/gakugei/1387273.htm）［二〇二一年三月三日アクセス］

あとがき

図書館は、本と情報を収集して、住民に活用してもらう施設だ。本と情報は、人間世界の隅々にまで及ぶ。それらの活用方法は無限だ。人は、心のなかの事柄から、生活のなかのちょっとした疑問、世界の問題まで、それぞれに本と情報を活用して役立てている。役立て、いまある状態からよりよい状態へと変えることができる。図書館では、本や情報を仲立ちとして人々が集い、交流し、そのなかから新たな知恵、知識を生み出し、人々の活動も生み、それが個人の仕事や生活を、また地域をよりよくすることに役立つ。

図書館のサービス・事業には、さまざまなものがあり、例えば、調べるサービスでは、これを活用した人には、質問・相談に関連した図書や雑誌・新聞記事や、そのなかの知識・情報を得ることができるし、それを通して、自分で調べたり読んだりすることで問題を解決することができたり、関連した新しい領域への関心を高め、広げることができる。さらに、調べる方法を知ることができ、調査などに必要な時間や労力を節約することにもなるし、自分で調べるという力と意欲を得ることができる。また、何かあれば積極的に図書館を活用して調べてみようということにもなる。内容によっては、仕事上の成果につなげることができる。このように個人にとってのプラスになれば、それらの集合として、地域社会にもプラスになる。

図書館活動が盛んな地域では、住民の八〇パーセントに及ぶ人が図書館のカードを持っている。私の曾祖父・大串誠三郎が昭和前期に町長をつとめた佐賀県伊万里市もその一つだ。伊万里市は、図書館、本と情報に関わる住民活動が活発なところとして知られている。しかし、これはある日突然、そのようになったのではなく、住民と図書館と市役所が長い間、協力して実現したものだ。私が学生時代、夏休みに伊万里に帰った（という言い方をしていた）とき、大叔父に言われて図書館に調べものに行った。図書館は公民館の二階にあった。いまの図書館とは比べることもはばかられるような小さな図書館だった。もう五十年も前のことだ。それから住民、図書館、市役所の長い協働の取り組みがあって、今日の伊万里市民図書館がある。

一九八五年に『図書館政策の現状と課題——国・自治体の行政計画を中心とした』（青弓社）を刊行してから、何冊かの図書館に関する本を上梓してきた。〈まちづくりと図書館〉はいつか書いてみたいと思っていたテーマで、今回、刊行することができた。私にとって本格的な図書館論は、これが最後になるだろう。長い間、執筆をすすめ励ましてくれた青弓社の矢野恵二氏の存在がなければ、ここまでたどりつけなかっただろう。深く感謝するところである。

今後の日本の図書館のさらなる発展と飛躍を期待したい。

大串夏身の著作目録

出版年の新しい順。書名、著者名、出版社、出版年など基本的な書誌事項に限った。

『レファレンスと図書館――ある図書館司書の日記』大串夏身、皓星社、2019年
『図書館のこれまでとこれから――経験的図書館史と図書館サービス論』大串夏身、青弓社、2017年
『世界文学をDVD映画で楽しもう!』大串夏身、青弓社、2014年
『調べるって楽しい!――インターネットに情報源を探す』大串夏身、青弓社、2013年
『インターネット時代のレファレンス――実践・サービスの基本から展開まで』大串夏身/田中均、日外アソシエーツ、2010年
『図書館概論』(図書館情報学シリーズ1)、大串夏身/常世田良、学文社、2010年
『触発する図書館――空間が創造力を育てる』大串夏身/鳴海雅人/高野洋平/高木万貴子、青弓社、2010年
『情報サービス論』大串夏身/齊藤誠一編、理想社、2010年
『日本一の読書のまちをめざして――恵庭市と市立図書館の活動』(Library video series. 図書館の達人 自治体編)(DVD)、大串夏身監修、紀伊國屋書店、2010年
『課題解決型サービス』(Library video series. 図書館の達人 司書実務編3)(DVD)、日本図書館協会企画・監修、大串夏身監修、紀伊國屋書店、2009年
『図書館の活動と経営』(図書館の最前線5)、大串夏身編著、青弓社、2008年
『読書と図書館』(図書館の最前線4)、大串夏身、青弓社、2008年
『課題解決型サービスの創造と展開』(図書館の最前線3)、大串夏身編著、青弓社、2008年
『最新の技術と図書館サービス』(図書館の最前線2)、大串夏身編著、青弓社、2007年
『図書館の可能性』(図書館の最前線1)、大串夏身、青弓社、2007年(第2巻『最新の技術と図書館サービス』、第3巻『課題解決型サービスの創造と展開』、第4巻『読書と図書館』、第5巻『図書館の活動と経営』の編著もおこなった)
『チャート式情報アクセスガイド』大串夏身、青弓社、2006年
『DVD映画で楽しむ世界史』大串夏身、青弓社、2005年
『現代社会と図書館の課題――政策討論連続講座記録』日本図書館協会図書館政策委員会編、日本図書館協会、2004年(執筆;「図書館と第三者評価――図書館評価の諸問題」47-58ページ)
『文科系学生の情報術』大串夏身、青弓社、2004年
『学習指導・調べ学習と学校図書館』(学校図書館図解・演習シリーズ3)、大串夏身、志村尚夫/天道佐津子監修、青弓社、2003年(2009年に改定版)

大串夏身の著作目録

『企画のための情報収集ハンドブック』大串夏身、産業能率大学出版部、2003年
『これからの図書館――21世紀・知恵創造の基盤組織』大串夏身、青弓社、2002年（2011年に増補版）
『文科系学生のインターネット検索術』大串夏身、青弓社、2001年
『東京府・市二次統計書データベース――書誌情報レベル』（「東京都江戸東京博物館調査報告書」第9集）（CD-ROM）、江戸東京博物館都市歴史研究室編、東京都江戸東京博物館、2000年（大串夏身が作成した）
『情報メディアの意義と活用』（学校図書館実践テキストシリーズ1）、大串夏身編著、樹村房、1999年
『生涯学習と人権』上杉孝實／黒沢惟昭編著、明石書店、1999年（執筆;第6章「差別と表現」157-180ページ）
『情報を探す技術 捨てる技術――情報の達人になるための極意』（達人ブックス34）、大串夏身、ダイヤモンド社、1998年
『レファレンスサービス演習』（JLA図書館情報学テキストシリーズ5）、大串夏身編著、日本図書館協会、1997年
『財団法人大橋図書館和漢図書分類目録』上・下（書誌書目シリーズ45）、ゆまに書房、1997年（執筆；解説「大橋図書館の書誌活動と蔵書目録」）
『キーをたたく犯罪者たち』チャールズ・プラット、戸根由紀恵訳、ゆまに書房、1997年（執筆；解説「日本における情報化と『キーをたたく犯罪者たち』」）
『都市問題文献書誌』別巻（書誌書目シリーズ40）、ゆまに書房、1997年（執筆；解題「都市問題関係文献目録 昭和20年-24年 解題――東京市政調査会の調査活動と書誌作成に関する考察」）
『インターネット時代の情報探索術』大串夏身、青弓社、1997年
『情報探索ガイドブック――情報と文献の森の道案内』情報探索ガイドブック編集委員会編、勁草書房、1995年（執筆；「人文・社会・芸術分野の人物情報」303-315ページ）
『レファレンス・サービス』（図書館の達人1 司書実務編）（ビデオカセット）、紀伊國屋書店、1995年
『江戸・東京学雑誌論文総覧』大串夏身／江戸・東京資料研究会編、青弓社、1994年
『ある図書館相談係の日記――都立中央図書館相談係の記録』（日外教養選書）、大串夏身、日外アソシエーツ、1994年
『宗教史・地方史論纂――西垣晴次先生退官記念』西垣晴次先生退官記念宗教史・地方史論纂編集委員会編、刀水書房、1994年（執筆；「日本史関係研究・資料情報の蓄積方法について」308-330ページ）
『レファレンス・サービス――実践とその分析』大串夏身、青弓社、1993年
『チャート式情報・文献アクセスガイド』大串夏身、青弓社、1992年
『江戸・東京学研究文献案内』大串夏身、江戸・東京資料研究会編、青弓社、1991

年
『レファレンス・サービスの創造と展開』日本図書館学会研究委員会編、日外アソシエーツ、1990年（執筆；「都道府県立図書館のレファレンス・サービス」125-144ページ）
『図書館サービスの利用と評価——自治体の223の住民意識調査を中心に』大串夏身、青弓社、1989年
『東京関係地誌写真索引』1-2、大串夏身、住宅総合研究財団・江戸東京フォーラム、1988-89年
『近代三都（東京・大阪・京都）比較に関する文献とその解説』大串夏身、大串夏身、1988年
『桑田佳祐大研究』南十字星の会編著、青弓社、1988年
『中島みゆきの社会学』山内亮史／志賀隆生／大串夏身／林あまり／安原顯、青弓社、1988年
『中島みゆき大研究』全日本みゆき族編、青弓社、1987年（＊大串夏身全文執筆）
『中島みゆきの場所』大串夏身／見目誠／谷口孝男、青弓社、1987年
『図書館経営・サービスをめぐる諸問題——379市区町村の事例を中心に』大串夏身、青弓社、1987年
『情報公開制度と図書館の自由』石塚英二ほか（「図書館と自由」第8集）、日本図書館協会図書館の自由に関する調査委員会編、日本図書館協会、1987年（執筆；「まちづくりと図書館」106-112ページ）
『水平社運動史論』部落解放研究所編、解放出版社、1986年（執筆；「1930年代の全国水平社と労働組合運動」224-253ページ）
『図書館政策の現状と課題——国・自治体の行政計画を中心とした』大串夏身、青弓社、1985年
『三多摩社会運動史料集』大串夏身編、三一書房、1981年
『近代被差別部落史研究』大串夏身、明石書店、1980年
『いばらと鎖からの解放——東京水平社と皮革産業労働者』古賀誠三郎（大串夏身）、明石書店 1978年
『東京都農民運動史料集——戦前機関誌・紙篇』大串夏身編、大串夏身、1977年
『東京水平社関係資料集成 第1輯 新聞・機関紙』大串夏身編、大串夏身、1976年

［著者略歴］
大串夏身（おおぐし なつみ）
1948年、東京都生まれ
早稲田大学文学部卒業後、東京都立中央図書館勤務、特別区協議会調査部、東京都企画審議室調査部をへて、昭和女子大学へ。現在、昭和女子大学名誉教授
著書に『レファレンスと図書館』（皓星社）、『図書館のこれまでとこれから』『挑戦する図書館』『調べるって楽しい！』『これからの図書館・増補版』『図書館の可能性』『文科系学生の情報術』『世界文学を DVD 映画で楽しもう！』『DVD 映画で楽しむ世界史』（いずれも青弓社）、共著に『図書館概論』（学文社）、『触発する図書館』（青弓社）、編著に『読書と図書館』（青弓社）など

まちづくりと図書館《としょかん》
人々が集い、活動し創造する図書館へ

発行———2021年4月23日　第1刷
定価———2400円＋税
著者———大串夏身
発行者——矢野恵二
発行所——株式会社青弓社
〒162-0801 東京都新宿区山吹町337
電話 03-3268-0381（代）
http://www.seikyusha.co.jp
印刷所——三松堂
製本所——三松堂

ISBN978-4-7872-0076-1　C0000